Auf die ersten Jahre kommt es an

Auf die ersten Jahre kommt es an

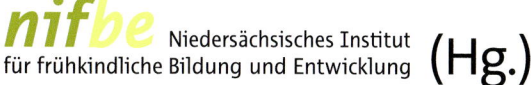

nifbe Niedersächsisches Institut
für frühkindliche Bildung und Entwicklung **(Hg.)**

Mit Fotos von Bettina Meckel

HERDER

FREIBURG · BASEL · WIEN

© Verlag Herder GmbH, Freiburg im Breisgau 2010

Alle Rechte vorbehalten
www.herder.de

Gesamtgestaltung:
Weiß-Freiburg GmbH – Graphik & Buchgestaltung

Redaktion: Dr. Karsten Herrmann

Druck und Bindung: fgb · freiburger graphische betriebe
www.fgb.de

Gedruckt auf umweltfreundlichem, chlorfrei gebleichtem Papier
Printed in Germany

ISBN 978-3-451-32323-2

Einleitung

Kinder sind geborene Lerner, Forscher und Entdecker. Neugierig und wach wenden sie sich der Umwelt zu. Von Geburt an sind ihre Sinne auf Empfang – sie nehmen Berührungen, Sprache, Geräusche, Farben und Formen aus der Umwelt auf und reagieren darauf mit Bewegung, mit Aufmerksamkeit, Zuschauen und Hinhören. Diese Sinneserfahrungen sind es, die zur Bildung der komplexen Nervenzellen-Netzwerke und Synapsen-Verbindungen im Gehirn führen. Jede Sinneswahrnehmung, jede Bewegung stößt diesen Prozess der Vernetzung an. Von den Synapsen bleiben schließlich diejenigen erhalten, die durch Übung und Erfahrung aktiviert werden.

Neugier und Wissensdurst bilden die Voraussetzung für die immerwährende Bereitschaft des Kindes, seine räumliche, materiale und soziale Umwelt zu erkunden. Dabei wird jedoch nicht nur seine neuronale Vernetzung weiter ausgebildet, sondern auch das Vertrauen in die eigenen Fähigkeiten, das Selbstwertgefühl und die Bereitschaft, sich mit anderen – Kindern wie Erwachsenen – auseinanderzusetzen, sich in andere einzufühlen, Bindungen einzugehen und Beziehungen aufzubauen.

Von diesen spannenden Prozessen erzählt dieses Buch. Von der Lust der Kinder am Entdecken von Zusammenhängen, von ihrer Fähigkeit, zu staunen, Kräfte zu entwickeln, Herausforderungen zu meistern, von ihrer Lust am Leben und ihrer Freude am unmittelbaren Tun.

Die Spuren der Kinder zu suchen, das Entwicklungswunder Mensch auf seinen vielen Stationen ein Stück weit zu begleiten, das ist Anlass und Anliegen der Ausstellung „Auf die ersten Jahre kommt es an!". Sie wurde im Niedersächsischen Institut für frühkindliche Bildung und Entwicklung (*nifbe*) als Wanderausstellung konzipiert, aus ihr ist dieses Buch hervorgegangen.

Die Bilder und die Texte geben einen Einblick in die Vielfalt der Äußerungsmöglichkeiten der Kinder, in die Sprache des Körpers, der Gestik und der Mimik. Sie geben Beispiele dafür, wie Entwicklung und Bildung sich als soziale Prozesse gestalten, wie Kinder sich den Herausforderungen des Lebensalltags stellen und sich konstruktiv mit ihnen auseinandersetzen.

Die Bilder dokumentieren die vielfältigen Lebens- und Äußerungsformen der Kinder. Jedes der hier gezeigten 32 Fotos öffnet uns eine neue Perspektive auf das Kind und bringt es uns in verschiedensten Lebens-, Lern- und Spielsituationen näher. Sie machen aufmerksam auf das Staunen und Fragen, das Wahrnehmen und Erkennen, aber auch auf das Bedürfnis der Kinder nach Nähe, Anerkennung und Geborgenheit.

Vom ersten Tag ihres Lebens erobern sie sich die Welt und bilden dabei ihre Persönlichkeit. Wir Erwachsene können dies unterstützen und fördern – schon indem wir den Kindern eine anregende, Mut machende Umgebung bieten, in der Spielen und Lernen sich mühelos miteinander vereinen können. Spielen ist die elementarste Form des Lernens, es eröffnet dem Kind die Chance, eigene Fragen zu stellen und auf der Suche nach Lösungen auch Umwege als wichtige Erfahrungsquellen zu nutzen.

Lernen findet immer und überall statt und bedarf der Frei- und Experimentierräume sowohl in formellen wie informellen Lernorten und -arrangements. Das Tor zum Lernen bilden dabei die körperlich-sinnlichen Erfahrungen.

Kinder zeigen uns, dass Lernen eine Lust ist – keine Last, wie es von älteren Kindern oft empfunden wird. Wann und durch was geht die Lust eigentlich verloren? Dieses elementare Interesse der Kinder an der Welt wachzuhalten und ihrer forschenden Neugier entgegenzukommen – dies sollten wir Erwachsene uns zur Aufgabe machen.

Die Bilder der Ausstellung werden durch Texte kommentiert und interpretiert. Die 15 Autorinnen und Autoren sind auf besondere Weise mit dem Niedersächsischen Institut für frühkindliche Bildung und Entwicklung verbunden: Sie lehren und forschen allesamt an niedersächsischen Hochschulen zum Thema Kindheit, sie sind an der Ausbildung der pädagogischen Fachkräfte im Elementar- und Primarbereich beteiligt und tragen durch unterschiedliche Projekte und Maßnahmen dazu bei, dass auch in der Forschung das neu entdeckte öffentliche Interesse an der frühen Kindheit aufgegriffen wird. Sie setzen sich jedoch auch dafür ein, dass der Transfer zwischen Theorie und Praxis, zwischen Forschung und Anwendung vorangetrieben wird, dass sich ForscherInnen und PraktikerInnen mit gegenseitiger Wertschätzung begegnen und dass in der Praxis auftauchende Fragen gleichermaßen zum Gegenstand der Forschung werden.

Nur so können Erkenntnisse zu den Bedingungen des Gelingens von Entwicklung, Erziehung und Bildung gewonnen werden. Das *nifbe* ist ein Beispiel dafür, dass ein Miteinander aller Akteure gelingen kann, es macht deutlich, wie befruchtend und belebend es sein kann, wenn sich Forscher und Praktiker „auf gleicher Augenhöhe" begegnen.

Gemeinsam ist allen Autoren vor allem das Bild des Kindes, das ihre Arbeiten bestimmt: Das Kind wird in einem ko-konstruktiven Bildungsprozess als kompetent handelnde Person gesehen, als selbsttätiges Kind mit individuellen Ressourcen und vielfältigen Begabungen, das mit Freude forscht, entdeckt und lernt.

Im Mittelpunkt der Arbeit des *nifbe* steht das Kind in seinem sozialen Kontext und mit seinem Anspruch auf bestmögliche Förderung und Begleitung von Anfang an. Unser gemeinsames Ziel ist es, die Bildung und Entwicklung des Kindes zu einer selbst- und verantwortungsbewussten sowie in vielfacher Hinsicht kompetenten und glücklichen Persönlichkeit zu ermöglichen. Darin sehen wir auch einen entscheidenden Beitrag für die Chancengerechtigkeit und für die Zukunftsfähigkeit des einzelnen Kindes wie auch der gesamten Gesellschaft.

Ich wünsche Ihnen viel Spaß beim Lesen und Betrachten.

PROF. DR. RENATE ZIMMER
Vorsitzende und Leiterin des Niedersächsischen
Instituts für frühkindliche Bildung und Entwicklung (*nifbe*)

Die Welt erobern

DIE WELT STECKT VOLLER ÜBERRASCHUNGEN, sie will entdeckt und erobert werden. Sich auf den Weg machen heißt, sich in Bewegung zu versetzen, sich der Welt zu nähern – Schritt für Schritt.

Die Welt erobern beginnt mit der Erkundung des Raumes, der unmittelbaren Umgebung. Zunächst ist der Boden der wichtigste Spiel- und Entdeckungsraum, später gewinnen weitere Dimensionen des Raumes an Bedeutung: Über Hindernisse kriechen, unter ihnen hindurchkrabbeln, sich zwischen Polstern hindurchschieben, hochklettern, herunterspringen – immer ist der Körper der Motor der Entwicklung und das Mittel zur Welterkundung.

Strategien der Problemlösung werden entworfen, erprobt, bestätigt und immer wieder wiederholt.

Im eigenen Handeln lernt das Kind Ursachen und Wirkungszusammenhänge kennen und begreifen. Mit Hilfe von körperlichen Erfahrungen und Sinneserfahrungen bildet es Begriffe: Was heißt oben, unten, weit oder nah? Bewegungshandlungen liefern die Basis für die Erkenntnisse, sie stellen die Grundlage des Lernens dar.

Die Entwicklung und Differenzierung motorischer Fähigkeiten – der Fortbewegung, des Greifens oder der Koordination von Bewegungen – ermöglichen immer differenziertere Wahrnehmungserfahrungen, die die Grundlage des Denkens bilden. Denken vollzieht sich zunächst in der Form aktiven Handelns: Über die praktische Bewältigung von Situationen gelangt das Kind zu deren gedanklicher Beherrschung.

Durch und in Bewegung erobert das Kind nicht nur seine Umwelt, es erfährt auch etwas über die eigene Person. Im Umgang mit Objekten und Spielsituationen ruft es eine Wirkung hervor und führt diese auf sich selbst zurück. Es macht Erfahrungen, erlebt sich zugleich auch als Verursacher von Veränderungen. Durch das Erleben der eigenen Selbstwirksamkeit erwirbt es Vertrauen in die eigenen Fähigkeiten – die Voraussetzung für den Aufbau eines positiven Selbstwertgefühls.

PROF. DR. RENATE ZIMMER

Die Welt erobern

Vertrauen entwickeln

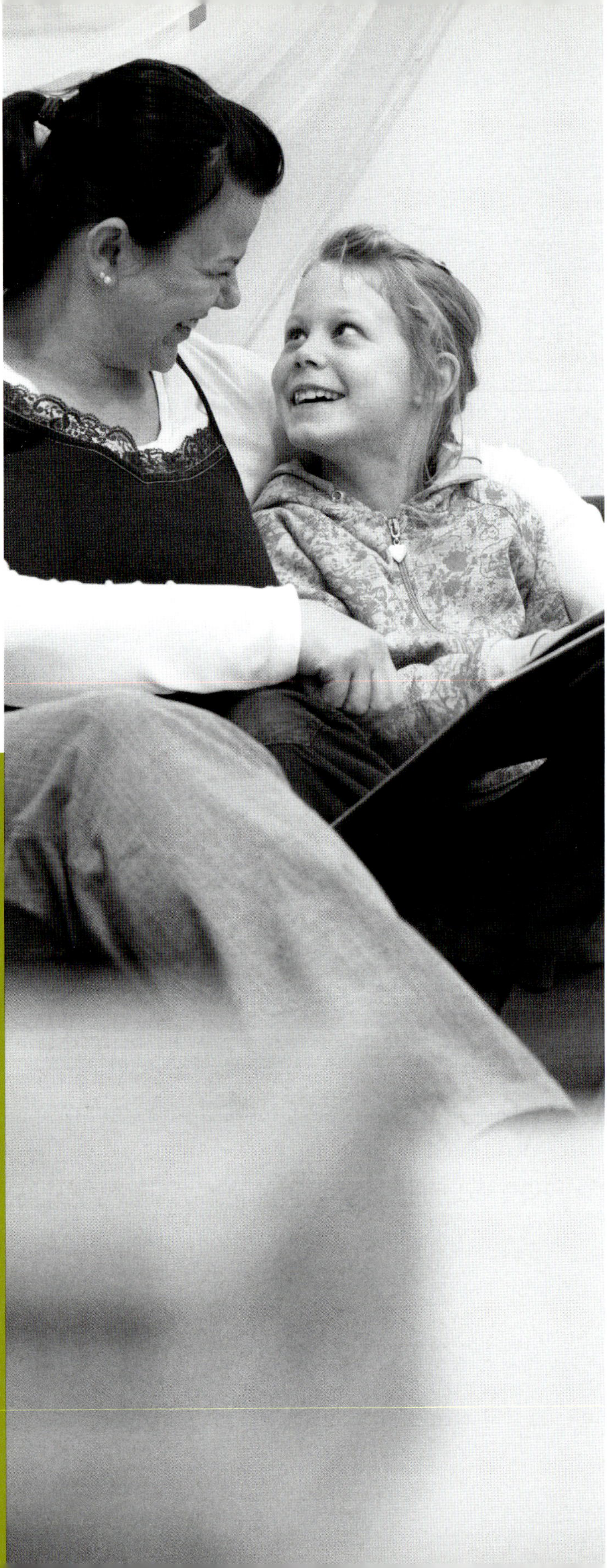

Vertrauen entwickeln

SCHON SEHR FRÜH nimmt ein Säugling Kontakt zu anderen Menschen auf – durch Schreien, Weinen, Lallen, Klammern, Greifen oder ein erstes vorsichtiges Lächeln. So stellt er schnell eine Verbindung zu seinen ersten Bezugspersonen, in der Regel die Eltern, her.

Die ersten Lebensjahre sind für den Aufbau stabiler Beziehungen und Bindungen entscheidend. Ein Kind kann sich nur dann optimal entwickeln, wenn es sich in seiner sozial-emotionalen Umgebung sicher und wohl fühlt und ein „Urvertrauen" entwickeln kann. Erst dieses Urvertrauen bietet dem Kind die Basis, auf der es in zunehmendem Maße selbstständig seine Umwelt erforschen und sie sich Schritt für Schritt erschließen kann. In seinen „Explorationen" setzt sich das Kind mit vielfältigen Aspekten seiner physikalischen und sozialen Welt auseinander, lernt, bildet und entwickelt sich.

Kinder benötigen dafür eine Umgebung, die sie herausfordert. Eine solche Umwelt zu gestalten ist eine gesamtgesellschaftliche Aufgabe, im Besonderen eine der Eltern, ErzieherInnen und LehrerInnen. Erziehung bedeutet hier in erster Linie, sich den Kindern zuzuwenden, für sie da zu sein, ihre Impulse aufzunehmen, sie zu unterstützen und zum selbstständigen Erkennen und Handeln anzuleiten. Dies gelingt nur durch ein hohes Maß an Einfühlsamkeit, mit der dem Kind immer wieder signalisiert wird „Ich habe dich verstanden". Wie die Luft zum Atmen benötigen die Kinder zum Lernen eine solche liebevolle und ihnen zugewandte Erziehungssituation. Der Aufbau von zuverlässigen und verbindlichen Beziehungen ist die zentrale Voraussetzung für die Entwicklung und Bildung in der Kindheit. Ohne dieses „Ur"-Gefühl einer grundlegenden Sicherheit fehlt dem Kind die für das Lernen notwendige Basis. Vertrauen und Selbstvertrauen sind für das junge Kind die wichtigsten Voraussetzungen für seine Bildungsbewegungen, sie sind der Motor.

PROF. DR. GEORG ROCHOLL

Fortschritte machen

DER BEGRIFF DES „FORTSCHRITTS" beinhaltet mehrere Dimensionen. Zunächst ist da die sinnliche Dimension des „Fortschreitens", der langsamen, schnellen, hastigen oder auch vorsichtigen Schritte auf einem Weg. Gemeint ist aber auch der „Fortschritt" beim Lernen, also eine Entwicklungsdimension. Beide Aspekte spiegeln sich im nebenstehenden Bild wider.

Schauen wir genauer hin: Das Kind ist in Bewegung, schreitet optimistisch mit dem linken Fuß voran. Der Körper ist gespannt und der Kopf ist halb nach links gedreht. Wir sehen eine sinnlich-motorische Handlung und eine positive Emotion, ein Lächeln. Die Aussage des Bildes könnte etwa sein: Wenn ein Kind in seiner Entwicklung Fortschritte macht, positive Erfahrungen, dann geht es ihm gut.

Genauso ist es. Kinder machen Fortschritte, indem sie sinnlich, spielerisch und durch Bewegung lernen, nachahmen und entdecken. Sie lernen in sozialen Interaktionen, die von unterschiedlichen kulturellen Rahmenbedingungen beeinflusst werden. Nicht zuletzt entwickeln Kinder sich durch Probieren, durch Scheitern, durch Umwege und das Überwinden von Hindernissen. Sie freuen sich, wenn etwas gelingt und lernen am besten, wenn sie Anerkennung und Unterstützung erfahren.

Diese Mehrdimensionalität individueller und sozialer Faktoren muss bedacht werden, wenn wir Kinder in ihren Bildungsprozessen unterstützen wollen. Die Einführung von Bildungsaufträgen und Bildungsplänen hat Herausforderungen und Chancen geschaffen, die von Kindern, Fachkräften und Eltern zunehmend erfolgreich bewältigt werden. Und die Beteiligten sind daher ohne Zweifel auf einem guten Weg: Sie machen trotz Hindernissen und Schwierigkeiten viele Fortschritte!

PROF. DR. STEFAN BREE

Fortschritte machen

Standpunkte erproben

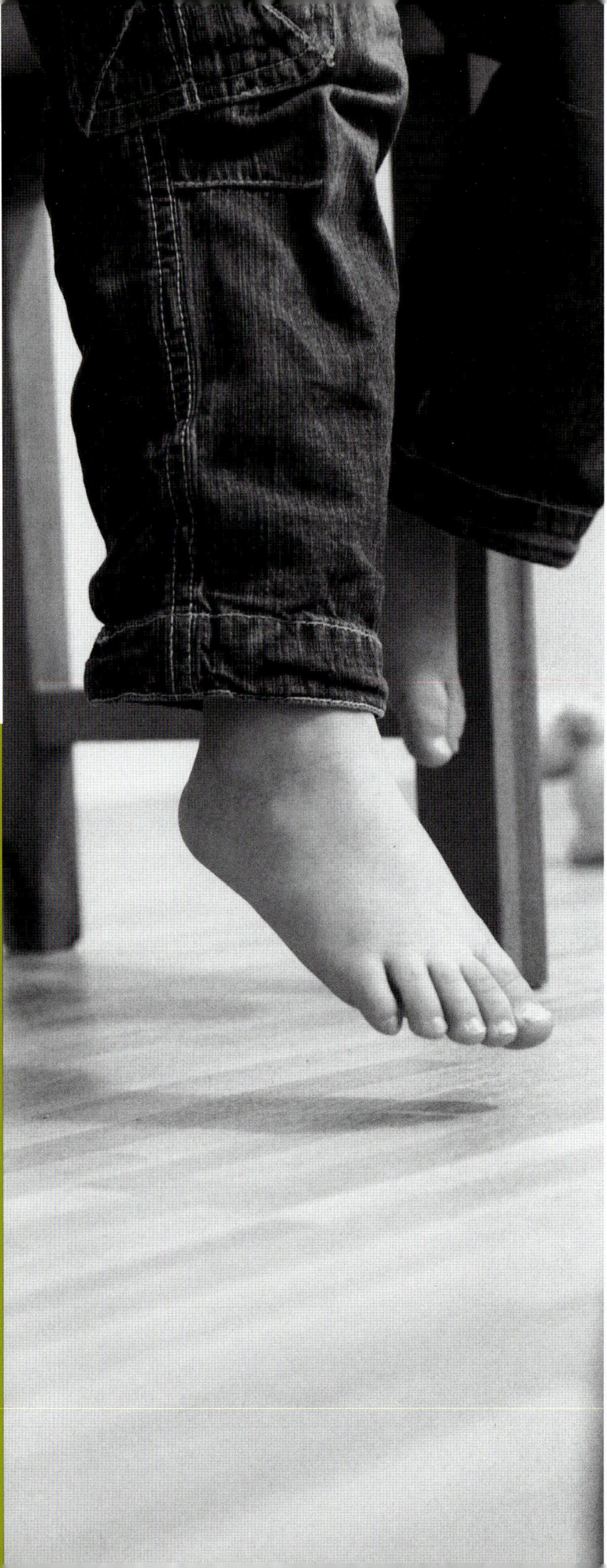

Standpunkte erproben

MIT JEDEM NEUEN SCHRITT in eine andere Richtung ergeben sich neue Standpunkte. Zunächst noch wacklig und unsicher, kann das vorsichtige Vorfühlen mit den Zehen dabei helfen, bisher unbekanntes Terrain zu betreten.

Mit dem Eintritt in den Kindergarten werden Kinder mit einer Vielzahl unbekannter Standpunkte konfrontiert, die sie mit den Werten und Zielen der Familie vergleichen. Die neue Rolle des Kindergartenkindes geht mit der Erfahrung einher, dass auch eigene Standpunkte gegenüber anderen Kindern und Erwachsenen ohne eine direkte Unterstützung der Eltern vertreten werden müssen. In täglichen Aushandlungsprozessen entwickelt das Kind in der Folge des Kindergartenbesuchs Sicherheit im Umgang mit Beziehungen und verschiedenen Positionen.

Pädagogische Fachkräfte in Kindertageseinrichtungen begleiten Kinder dabei, eigene Standpunkte gegenüber Gleichaltrigen und Erwachsenen zu erproben, indem sie nicht nur Entscheidungsspielräume einräumen, sondern den Prozess von Entscheidungsfindungen aktiv unterstützen. Partizipation im Kindergarten verlangt von Erwachsenen, die Kinder als kompetente Akteure und Experten der eigenen Bedürfnisse anzuerkennen. Dürfen Kinder entscheiden, wann, mit wem und wo sie spielen? Dürfen Kinder ausreden? Nehmen Erwachsene die Gesprächsbeiträge von Kindern ernst? Werden Konflikte unter Beteiligung der Kinder gelöst?

Standpunkte erproben zu können mündet manchmal natürlich in der Erkenntnis, dass der eigene Standpunkt nicht mit den Bedürfnissen der Gemeinschaft zu vereinen ist. Wenn Kindern jedoch frühzeitig Mitgestaltungsmöglichkeiten gegeben werden, trägt das Erleben vielfältiger Standpunkte zur Demokratieerziehung und Vorurteilsprävention bei.

DR. TIMM ALBERS

Fliegen lernen

Auf der Schaukel dem Himmel entgegen, immer höher und höher.
Die Sonne wärmt mir das Gesicht, der Wind streichelt meine Wangen.
Mit jedem Schwung erweitert sich mein Blick, kann ich Neues erhaschen.
Nichts kann mich aufhalten, es gibt so Vieles zu entdecken.
Hier oben bin ich der, der ich sein möchte, hier reise ich auf meinen Träumen.
Hier habe ich die Gelegenheit, alles aus anderer Perspektive zu betrachten.
Hier kann ich staunen, in die Ferne sehen oder ganz nah bei mir sein.
Hier streife ich mit den Füßen das Gras und mit den Händen den Himmel.
Hier fliege ich mit den Vögeln und ziehe mit den Wolken.
Hier bin ich allein und doch bei allem.
Hier halte ich mich ganz fest und lasse doch los.
Hier habe ich die Gelegenheit, über mich hinauszuwachsen.
Jeden Tag neu.

WER HAT NICHT ALS KIND das Gefühl erlebt, über sich hinauswachsen zu wollen, den Wunsch, einfach davonzufliegen und den Kosmos zu erforschen? Das Leben und die Welt erscheinen groß und weit, unendlich die Chancen und Gelegenheiten, die sich bieten.

Wenn Mädchen und Jungen eingeladen werden, die Geheimnisse ihrer Lebenswelten zu erkunden und sich auf Neues einlassen, entfalten sie ihre Fantasie und lassen sich begeistern. Aber auch Langeweile tut gut. Nicht immer nur verplant sein. Einfach mal Zeit haben und die Gedanken fliegen lassen, damit eigene Ideen darüber entstehen, was wohl als Nächstes zu tun sein könnte.

PROF. DR. ANDREA CABY

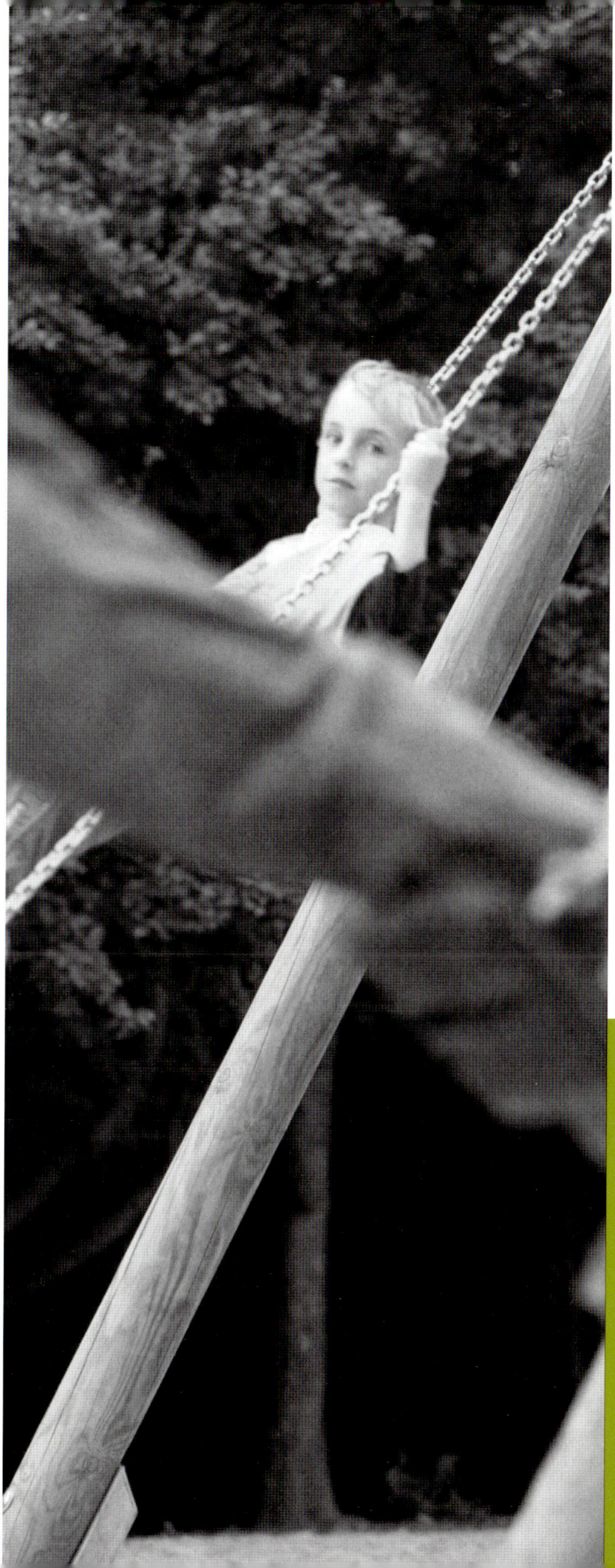

Fliegen lernen

Sicherheit fühlen

Sicherheit fühlen

SICH GEBORGEN FÜHLEN an der Seite eines Erwachsenen. Sich der Welt vorsichtig tastend und staunend zuwenden, sie erkunden und dabei Neues und Interessantes entdecken können. Wieder zurückkehren können, liebevoll-zärtlich beschützenden Körperkontakt suchen und auch bekommen. Sich angenommen und zu Hause fühlen. Das macht das basale Gefühl der Sicherheit in der Kindheit aus.

Dieses Gefühl ist neben der Liebe das Fundament, auf dem das Leben steht. Ohne Urvertrauen kein Vertrauen in die Welt, kein Zutrauen zu sich selbst, kein Anvertrauen an andere. Zum Lebensbeginn ist die Liebe der wichtigsten Bezugsperson – zumeist der Mutter – und ihre Abgestimmtheit auf die Kommunikation des Säuglings grundlegende Voraussetzung dafür, dass sich Sicherheit und Stabilität im Selbsterleben entwickeln können. Die emotionale Bindung und das Sicherheitsgefühl des Säuglings bzw. des Kleinkindes sind die Voraussetzung für Neugier und erkundendes Lernen im Spiel und für die wichtige Fähigkeit, Beziehungen zu anderen Menschen herzustellen.

Sicherheit ist dabei auch an verlässliche Orte und Zeiten gebunden. Kinder brauchen insbesondere in der frühen Kindheit Kontinuität und Rituale. Immer wiederkehrende zeitliche Muster geben Halt und Orientierung. Stabile Beziehungen sowie vorhersagbare Abläufe und Situationen sind wesentliche Voraussetzungen für das Sicherheitsgefühl des Kindes. Sicherheit gibt Mut, stärkt die Widerstandskraft und die Selbstwirksamkeit. So kann sich das Kind den An- und Herausforderungen seiner Lebenswelt stellen und sich mit ihnen konstruktiv auseinandersetzen. Es kann sich auf die Lern- und Bildungsprozesse im Elternhaus, in der Kindertageseinrichtung und in der Schule einlassen und sie aktiv mitgestalten. Damit dies gelingt, brauchen Kinder Erwachsene, die ihnen einerseits die Freiheit für eigenständige Erfahrungen und autonome Entwicklung gewähren, ihnen andererseits aber auch die Geborgenheit sicherer Bindungsbeziehungen und Lernumgebungen bieten.

PROF. DR. PETER PAULUS

Staunen können

KINDER BEGINNEN vom ersten Tag an, etwas über die Welt zu lernen. Von Anfang an sind sie interessiert und fasziniert, staunen über die vielen Dinge und Phänomene in ihrer Umwelt: da ist das Mobile, das sich bewegt, da ist die Rassel, die Geräusche macht … All diese Erfahrungen lösen Erstaunen aus und stimulieren das Kind zu weiterem Tun und Ausprobieren. Es koordiniert seine Bewegungs- und Verhaltensweisen noch intensiver, es entwickelt Absicht und Ziel, robbt und krabbelt entschlossen zum Ball in der Ecke des Zimmers.

In den ersten Lebensmonaten existieren Gegenstände für das Baby nicht mehr, wenn sie aus seinem Blickfeld verschwinden. Erst allmählich beginnt es, sich innere Bilder über die sichtbaren Gegenstände zu machen. In den folgenden Monaten lernt das Kind, dass Gegenstände und Personen weiterhin vorhanden sind, auch wenn sie nicht sichtbar sind. Die Kinder beginnen dann zunehmend, nach bestimmten Dingen zu suchen, und es beginnt die große Zeit der „Versteckspiele". Sie sorgen immer wieder  für unbändige Freude und können gar nicht oft genug wiederholt werden – und in jeder Wiederholung, in jeder Variation steckt ein neuer Lernschritt und Erkenntnisgewinn.

PROF. DR. GEORG ROCHOLL

Jana, neun Monate alt, hat großes Vergnügen daran, wenn jemand Gegenstände vor ihren Augen „verschwinden" lässt. Sie dreht sich dann vom Bauch auf den Rücken und zurück und versucht mit ihren Händen, ein Tuch wieder wegzuziehen, das die Dinge verdeckt. Personen, die den Raum durchqueren, verfolgt sie genau mit ihren Blicken. Seit einigen Tagen krabbelt sie hinterher und zieht sich dann am Türgitter hoch, um zu schauen, wohin derjenige geht. Kommt jemand um die Ecke zurück, den sie bereits gut kennt, strahlt sie ihn an und hopst auf und ab.

Die Mutter begleitet Jana, indem sie Jana immer wieder Anregungen liefert und ihre Vorschläge mit Worten oder kurzen Sätzen unterstreicht: „Wer kommt denn da? Das ist ja Tina!" „Guck mal, was/wer da ist!" und lobt sie für ihren Drang, den Dingen eigenständig auf die Spur kommen zu wollen.

Staunen können

Horizonte öffnen

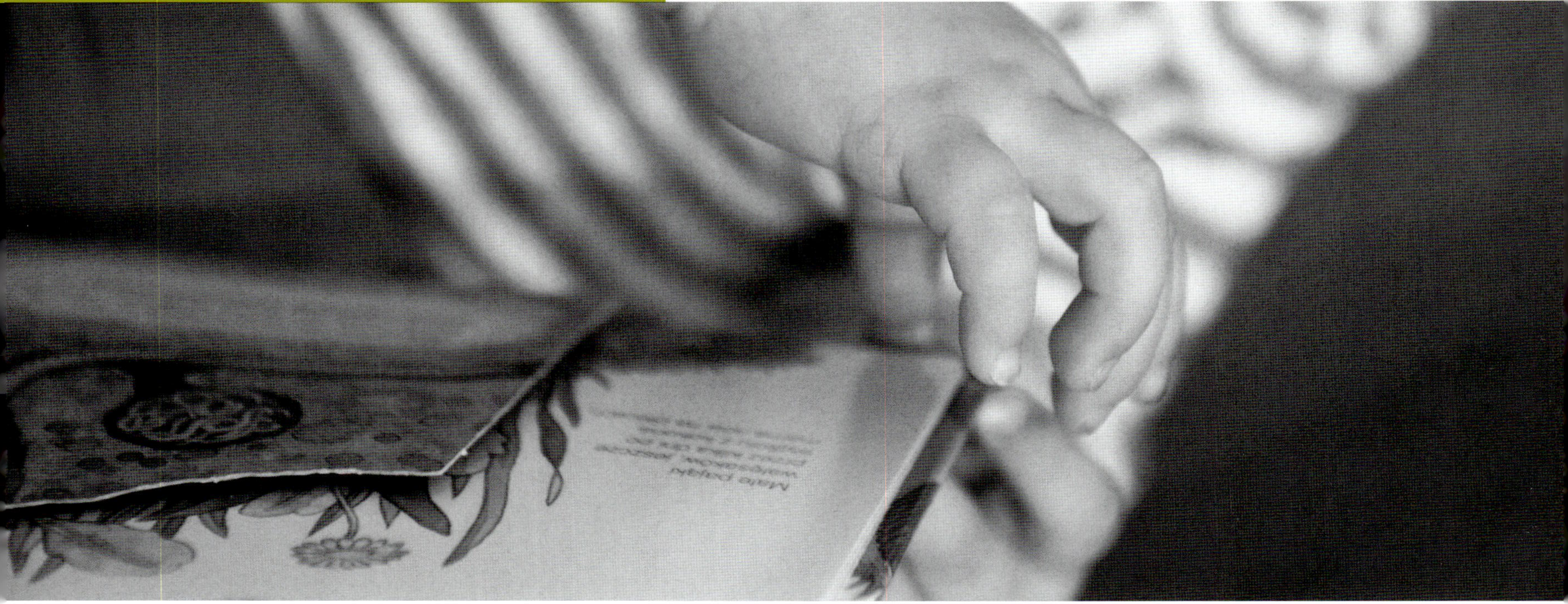

Horizonte öffnen

BILDUNG HEISST, sich Horizonte zu eröffnen. Horizonte öffnen sich durch die Auseinandersetzung des Kindes mit sich selbst und der ‚Welt'. Nach Wilhelm von Humboldt bietet die ‚Welt' als ‚Fremdes' die Chance, ‚Neues' zu erfahren. Bildung ist die Auseinandersetzung mit dem ‚Fremden'. Im Spannungsverhältnis zwischen dem ‚Selbst' und dem ‚Fremden' vollzieht sich der Bildungsprozess. Denn durch diese Irritationen wird es möglich, ‚anders' zu denken und sich dadurch weiterzuentwickeln. Im weiteren Sinne wird Bildung als das Verhältnis zu sich, zu anderen und der Welt verstanden. Der Austausch mit anderen wird hier zur Schlüsselsituation. Denn erst mit den anderen werden intersubjektive Perspektiven möglich, können Freude und Kummer geteilt werden. In den wechselseitigen Austauschprozessen erschließen sich Kinder gegenseitig neue Welten, beginnen über das bisher Unbekannte nachzudenken und sehen so Schritt für Schritt neue Horizonte.

Und so eröffnen sich die unterschiedlichsten Fragen:

Wo war ich, bevor ich geboren wurde?

Warum ist der Himmel blau?

Wie kommt es dazu, dass es im Herbst morgens neblig ist?

Wie kommen die Geschichten in die Bücher?

Warum heißt der Stuhl Stuhl?

Das Nachdenken über solcherlei Fragen gibt Impulse für die Entwicklung eigener Gedanken und braucht die anderen, die daran teilhaben. Horizonte werden nicht durch Antworten eröffnet, sondern durch die Fragen, die wir an die Welt haben und die Welt an uns.

PROF. DR. ANKE KÖNIG

Fantasien gestalten

FANTASIEN HABEN für kindliche Bildungs- und Entwicklungsprozesse eine zentrale Bedeutung, denn in Fantasien gestalten sich Kinder ihren Zugang zur Welt, indem sie die innere und die äußere Welt verbinden. Ihre Fantasien sind Ausgangspunkt für den kreativen Umgang mit Dingen.

Die kindliche Fantasie und die von Kindern entwickelten kreativen Lösungen, wie sie auch durch die Reggio-Pädagogik immer wieder beschrieben worden sind, ermöglichen Erwachsenen, über Kinder zu staunen und ihre großen Potenziale (an-) zu erkennen. Mit welchem Stolz erzählen Eltern die Geschichten über kindliche Fantasien, durch die die Welt in einem anderen Licht erscheint!

Die – auch von vielen SchriftstellerInnen und KünstlerInnen propagierte – Annahme, dass Kinder im Gegensatz zu den Erwachsenen einen gleichsam unverschlossenen und natürlichen Zugang zur Welt hätten, birgt jedoch auch eine Gefahr in sich: Kinder erscheinen als fremde Wesen, zu deren Fantasiewelt Erwachsene und somit auch ForscherInnen kaum eine Zugangsmöglichkeit haben. In diesem Sinne hat die neuere Kindheitsforschung darauf hingewiesen, dass die Vorstellung vom Kind als Fremden und Anderen dazu führt, den Zugang zur Wirklichkeit des Kindes zu verschließen.

Die Herausforderung liegt jedoch darin, sich die Wirklichkeit des Kindes zu erschließen, Brücken zu ihr zu bauen und sich jenseits aller konventionellen Muster und rationalen Zwänge auf sie einzulassen.

PROF. DR. PETER CLOOS

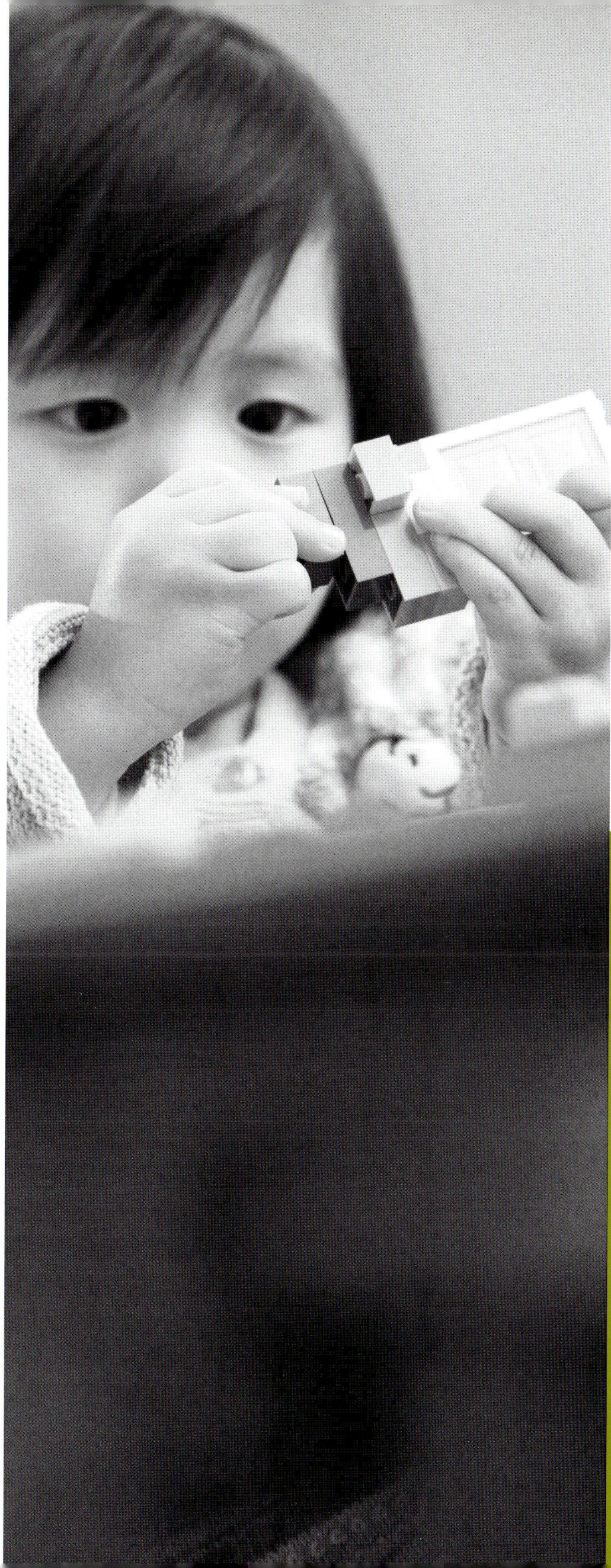

Fantasien gestalten

Schlösser bauen

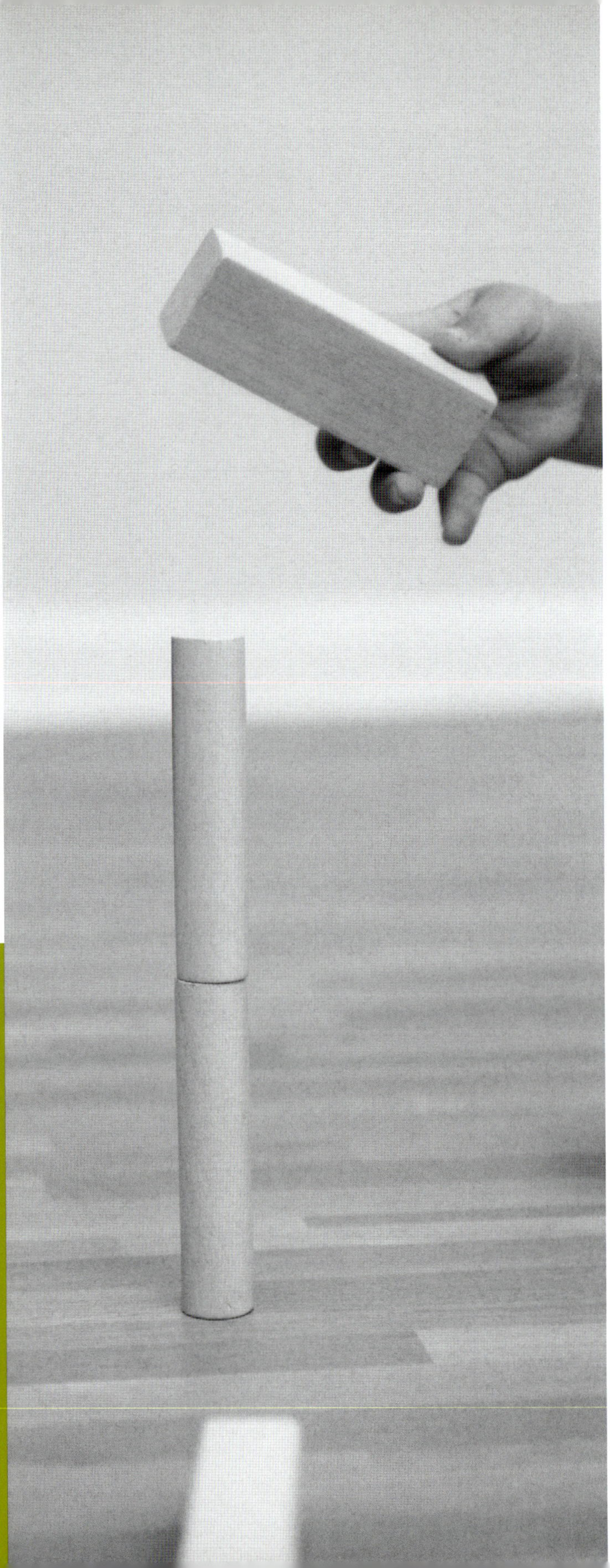

Schlösser bauen

WER HAT ES NICHT schon einmal gebaut – sein (Traum-) Schloss! Wer hat es nicht schon einmal umbauen müssen – oder es ist gar zum Einsturz gebracht worden und musste neu aufgebaut werden? Das waren und sind wichtige und entscheidende Erfahrungen in Hinblick auf frühkindliche Bildung und Entwicklung. Denn Schlösser bauen im eigentlichen und im übertragenen Sinn deckt gleich mehrere Aspekte der frühkindlichen Bildung und Entwicklung ab.

Wie im Bild dargestellt, wird durch das Bauen mit Bausteinen die Feinmotorik und die Auge-Hand-Koordination von Kindern gefördert. Baustein für Baustein muss so aufeinander platziert werden, dass alles im Gleichgewicht bleibt. Bleibt der Turm stehen, wird das Gefühl des eigenen Könnens gestärkt. Stürzt der Turm ein, muss die Frustration ausgehalten und ein neuer Weg gefunden werden, um wieder zum Erfolg zu kommen. Alle Aspekte sind wichtige Grundlagen, um sich in der Gemeinschaft zurechtzufinden und sich späteren schulischen Anforderungen zu stellen.

Das Konstruieren von Schlössern im Kopf, auf dem Papier oder gar mit Bausteinen (aus Holz oder anderen Materialien) spricht die Fantasie an, hilft sie zu fördern und zu fordern. Fantasie benötigen wir beim Ausprobieren neuer Wege, beim Herausfinden aus Sackgassen. Nach dem Entwickeln neuer Ideen folgt die Umsetzung. Dabei wird der Raum erlebt und gestaltet, die Beschaffenheit von Materialien und deren Funktion ausprobiert. Es wird das langsame Wachsen eines Werkes erfahren.

Und am Ende? Am Ende ist es gar nicht so wichtig, ob das (Traum-) Schloss wirklich in ganzer Pracht verwirklicht wurde, ob es von Dauer war oder bald schon wieder einstürzte. Das (Traum-) Schloss ist aber immer wieder Ansporn, um Ideen zu verfolgen, Herausforderungen zu meistern und neue Wege zu erproben – für Kinder ebenso wie für Erwachsene.

PROF. DR. DÖRTE DETERT

Nähe spüren

MUTTER UND KIND, Wange an Wange geschmiegt, freudig lächelnd, den Blick nach vorn gerichtet und den Arm schon ausgestreckt nach einem Geschehen, das sich unserem Einblick entzieht. Um was es sich wohl handeln mag? Etwas Neues, das es auszuprobieren gilt, etwas Spannendes, das erforscht werden muss? Gleichgültig was es ist, es ist für dieses Kind begleitet von dem Gefühl der Nähe, von der Gewissheit, nicht allein zu sein, von dem Rückhalt, in schwierigen Momenten auf Unterstützung vertrauen zu können.

Nähe spüren – das ist ein sinnliches Erleben: Körperwärme fühlen, eine vertraute Stimme hören, liebevolle Blicke auffangen, zarte Berührungen und feste Umarmungen spüren. Da sind die Säuglinge, die sich durch das Kuscheltuch beruhigen lassen, das nach Mama riecht. Die Einjährigen, die, ihre kleine Hand fest in der großen Hand des Papas, die aufregende Welt erkunden.

Nähe spüren – das ist beruhigend, entspannend und schafft Gelassenheit. Ich erinnere mich an den Abend, als meine Tochter beim Zubettgehen zu mir sagte „Kommst du noch ein bisschen zu mir? Dann roll' ich mich gleich auf die Stelle, an der du gelegen hast und schlaf' in deiner Wärme ein." *Nähe spüren* – das heißt, auch dann noch eine Verbindung zu fühlen, wenn der andere wieder gegangen ist, sich wiegend in der sicheren Erwartung, dass er zurückkommen wird.

Diese Erfahrung verlässlicher Nähe beschreibt das Konzept der Bindung. Wie wir aus zahlreichen entwicklungspsychologischen Untersuchungen wissen, ermöglicht und begünstigt eine sichere Bindungsbeziehung Entwicklungsfortschritte eines Kindes in allen Bereichen. Es scheint keinen besseren Entwicklungsmotor zu geben als das emotionale Band zwischen einem Kind und seinen engsten Bezugspersonen. Aufgehoben zu sein in einer Umgebung, die den kleinen Menschen zugewandt ist, sie unterstützt bei jedem neuen Entwicklungsschritt und sie Nähe und Zuneigung spüren lässt, das wünschen wir allen Kindern.

PROF. DR. SILVIA WIEDEBUSCH

Nähe spüren

Stärke messen

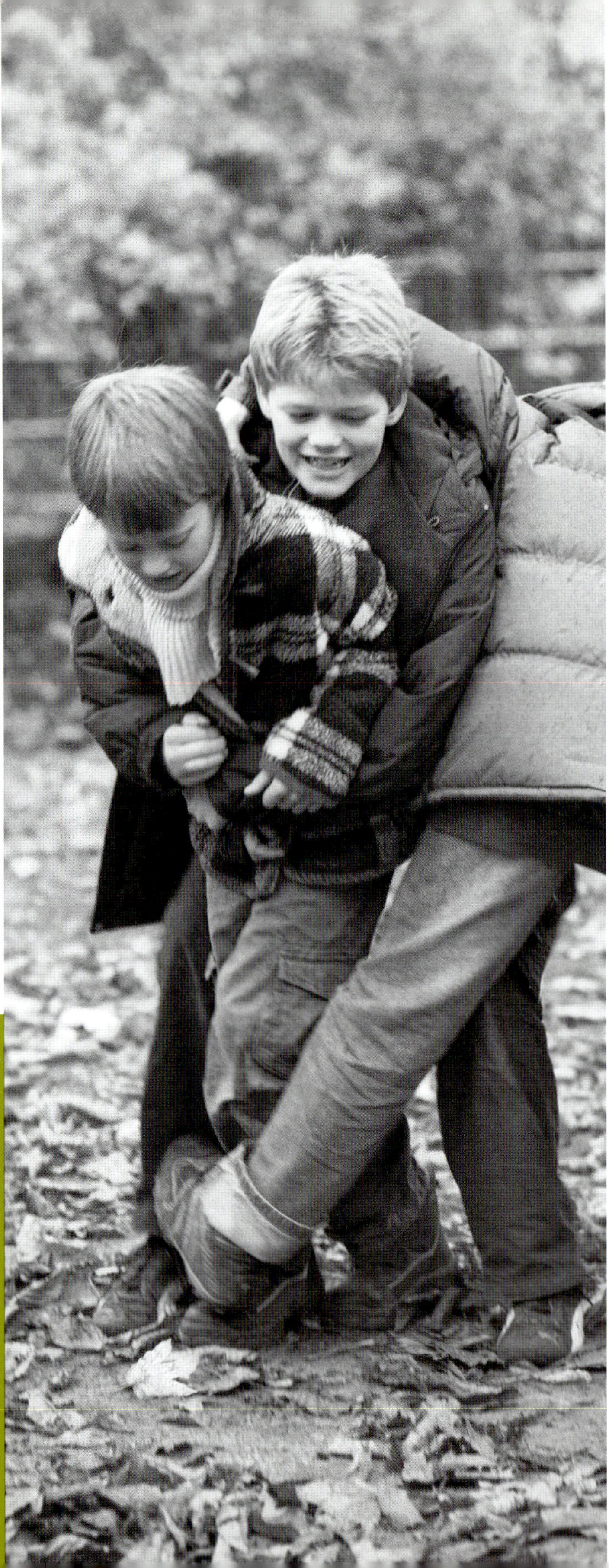

Stärke messen

SCHON SÄUGLINGE kann man dabei beobachten, wie sie mit Faszination die Gesichter kleiner Freunde ertasten, in den Haaren ziehen oder sich am Arm eines anderen Kindes festklammern. Wie von einem Magneten angezogen, robben und krabbeln die Kleinsten hintereinander her. Die Faszination gegenüber Gleichaltrigen und der Wunsch nach Nähe und Austausch ist ein zentraler Bestandteil des Aufwachsens, auch wenn Freundschaften unter jüngeren Kindern zunächst eher zufällig und spontan entstehen.

Kinder sind immer auf der Suche nach dem Kontakt zu anderen Kindern. Sie gehen dabei Wege, die für Erwachsene zunächst unverständlich erscheinen. Hauen, Klammern und Schubsen signalisieren aber ebenso das Bedürfnis nach Gemeinsamkeit wie ein spontaner Kuss im Sandkasten.

In der Interaktion mit der Gruppe der Gleichaltrigen entwickeln Kinder eine eigene Kultur, die durch zwei zentrale Aspekte bestimmt wird: Das Bemühen nach selbstbestimmter Lebensgestaltung und das Streben danach, die Früchte dieser Bemühungen mit den Freunden zu teilen. Die damit verbundenen Selbstbestimmungs- und Abgrenzungsbemühungen von Kindern erfolgen nach eigenen Prinzipien: Ausgrenzung, Streit und das Messen der eigenen Kräfte sind selbstverständliche Bestandteile der Identitätsbildung wie das Aufrechterhalten von Freundschaften, die Koordination von Interessen und das Planen gemeinsamer Spielhandlungen.

Im Vergleich der eigenen Fähigkeiten mit denen von gleichberechtigten Partnern lernt man, wie die eigenen Bedürfnisse durchgesetzt oder Kompromisse gefunden werden können und ob man nachgeben und nach Lösungsmöglichkeiten suchen muss. Damit Kinder die eigenen Stärken und Schwächen messen können, brauchen sie Erwachsene, die dies zulassen und nicht voreilig eingreifen: Stärken messen lernt man beim Stärke messen.

DR. TIMM ALBERS

Zusammen stark sein

DAS SIND SIE, die drei „Helden", gemeinsam auf einem Bild. Was sie wohl gerade erlebt haben? War es aufregend? Alle drei haben sich eine Pause verdient, die sie unterschiedlich nutzen. Ein Mädchen schaut sehr erwartungsfroh: Was machen wir als Nächstes? Der Kleinste hat den Daumen im Mund, war wohl doch etwas zu aufregend … Und Nummer drei? Es hat Spaß gemacht. Wie wunderbar es ist, Freunde zu haben!

Kinder fühlen sich in Gemeinschaft von Anfang an wohl und benötigen diese für ihre Entwicklung. Die erste Gemeinschaft ist die Familie. Hier machen sie mit den Eltern, mit Geschwistern oder Großeltern Erfahrungen, die sich einprägen: Wir können und wollen Dinge gemeinsam erleben, ich bekomme Rückmeldungen auf meine Anregungen, ich muss mir meinen Platz „erkämpfen", wir lachen zusammen und ich fühle mich mit dir und bei dir stark, geborgen. Je mehr Möglichkeiten das Kind hat, diese Bindungen mitzugestalten und sich in der Familiengemeinschaft positiv und aktiv zu erleben, umso gestärkter geht es auch in Bindungen außerhalb der Familie.

Diese zweite Form von Bindungen entwickelt sich in der Krippengruppe, der Kitagruppe, der Spielgruppe oder auch innerhalb des erweiterten Familienkreises. So kann man z. B. in den ersten beiden Lebensjahren in Spiel- oder Krippengruppen beobachten, dass Kleinkinder nebeneinander sitzen, aber nicht wirklich miteinander spielen. Dennoch sind andere anwesend, fremde Erwachsene trösten das Kind und nicht jedes Spielzeug steht bedingungslos zur Verfügung. Die hier erlebte Gemeinschaft gibt dem Kind weitere Möglichkeiten, sich in der Gruppe zu positionieren.

Eine konkrete Kontaktaufnahme, die dem anderen als Spielpartnerin, als Freund gilt, kommt erst im Kindergarten- und Vorschulalter zustande. Kindern ist es dabei egal, ob es sich bei den Freunden um Jungen oder Mädchen oder um jemanden aus einer anderen Kultur handelt. Es kommt auf das gemeinsame Tun an, das allein zählt.

PROF. DR. DÖRTE DETERT

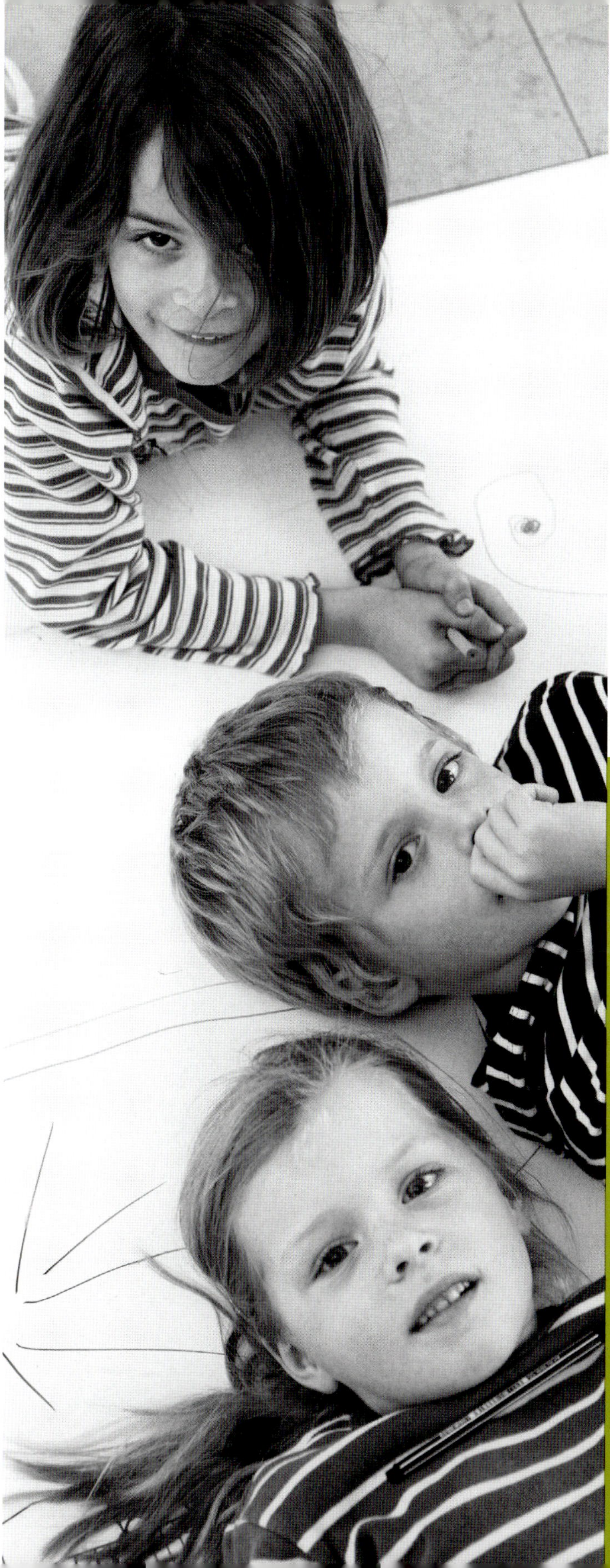

Zusammen stark sein

Geborgen sein

Geborgen sein

DEN KOPF AN DIE SCHULTER einer vertrauten Person geschmiegt, den Geruch in der Nase, den Atem im Ohr – das ist Geborgenheit. Geborgenheit ist eines der ersten und grundlegendsten Bedürfnisse eines Kindes. Denn physiologisch kommt der Mensch als Frühgeburt zur Welt und ist in extremer Weise auf Schutz, Ernährung und Behütung angewiesen. Das Baby will gestillt, getröstet werden, es braucht Körperkontakt und Ansprache. Geborgenheit entsteht aus dem lebenswichtigen Gefühl, sich auf seine soziale Umwelt verlassen zu können, verlässliche Bezugsperson zu haben.

Dieses Gefühl kann auf sehr unterschiedliche Art und Weise entstehen. In der westlichen Mittelschichtfamilie spielt hier zum Beispiel die Sprache und Konversationen mit dem Kind eine wichtige Rolle. Kuckuck-, Versteck- oder Frage-und-Antwort-Spiele, ausführliches Zeigen und Erklären sollen dem Kind das Gefühl geben, beachtet und geborgen zu sein. Diese Geborgenheit besteht in Überzeugungen und Gefühlen, also in der inneren Welt des Kindes. In traditionellen nicht-westlichen Kulturen, aus denen viele Migranten zu uns kommen, steht dagegen die physische Präsenz und der Körperkontakt im Vordergrund. Anstatt auf die beruhigende Macht des Wortes wird hier viel mehr auf die beruhigende Macht der körperlichen Nähe gesetzt. Weniger der Dialog, sondern Rhythmus und Wiederholungen prägen die Ansprache. Geborgenheit bedeutet aber in beiden Fällen, dass das Kind in seine Umwelt Vertrauen haben kann und dass ihre Reaktion vorhersagbar ist. Geborgen sein bedeutet Sicherheit zu haben, in Bezug auf sich selbst und in Bezug auf die primären Beziehungen. Daher ist es die unabdingbare Grundlage einer gesunden Entwicklung.

PROF. DR. HEIDI KELLER

Angst überwinden

ANGST FÜHRT zum Tunnelblick. Dann stehen plötzlich Fähigkeiten nicht mehr zur Verfügung, die man eigentlich schon erlernt hat. Das ist so bei „Trainingsweltmeistern" im Sport, die im Wettkampf viel schlechter abschneiden als im Training. Das ist auch so bei Schülern, denen in der Klassenarbeit selbst gut Gelerntes nicht mehr einfällt. Und das ist auch so bei Tina, der plötzlich etwas so sehr Angst macht, dass sie beim Sprungversuch vorübergehend sogar ihr Gefühl für das Gleichgewicht verliert. Aus der Hirnforschung wissen wir: Sobald das Stresshormon Cortisol in die Blutbahn kommt, wird ein System ausgebremst, das uns einen Überblick über alle wichtigen Informationen in der Innen- und Außenwelt vermittelt. Dann sehen wir nur noch das eine Detail, das Angst macht. In der Evolution hat es sich offensichtlich bewährt, bei Gefahr die Aufmerksamkeit ganz auf die Gefahrenquelle einzuschränken. Bei beherrschbaren Gefahren (wie einem Sprungversuch) kann dieser Tunnelblick jedoch sehr hinderlich sein. Sobald man erkannt hat, dass man eine Gefahr beherrschen kann (oder dass sie nur eingebildet war), ist es sinnvoll, sich wieder zu beruhigen. Wie geht das aber: Sich selbst beruhigen? Wie lernt ein Kind die Kompetenz der Selbstberuhigung?

Wie alle Selbstkompetenzen, so wird auch diese Fähigkeit in Situationen gelernt, in denen das „Selbst" der Person beteiligt ist. Das ist in guten Beziehungen der Fall. Wenn z. B. hinter Tina eine Person steht (z. B. ihr Vater oder ihre Lehrerin), von der sie „sich" gut verstanden und akzeptiert fühlt, dann wird (unbewusst) ihr Selbst aktiviert: Tina fühlt „sich" wohl in der Beziehung. Dann kann sie alles „ins Selbst" integrieren, was in dieser Beziehung passiert, also auch die Beruhigung, die ihr Vater oder die Lehrerin vermittelt, sobald sie Zeichen von Angst zeigt. Später kann sie sich in anderen Angst machenden Situationen dann ganz „von selbst" beruhigen und so den Tunnelblick vermeiden. Dann kann sie auf alle ihre Fähigkeiten auch dann zugreifen, wenn ihr etwas Angst macht.

PROF. DR. JULIUS KUHL

Unterstützung bekommen

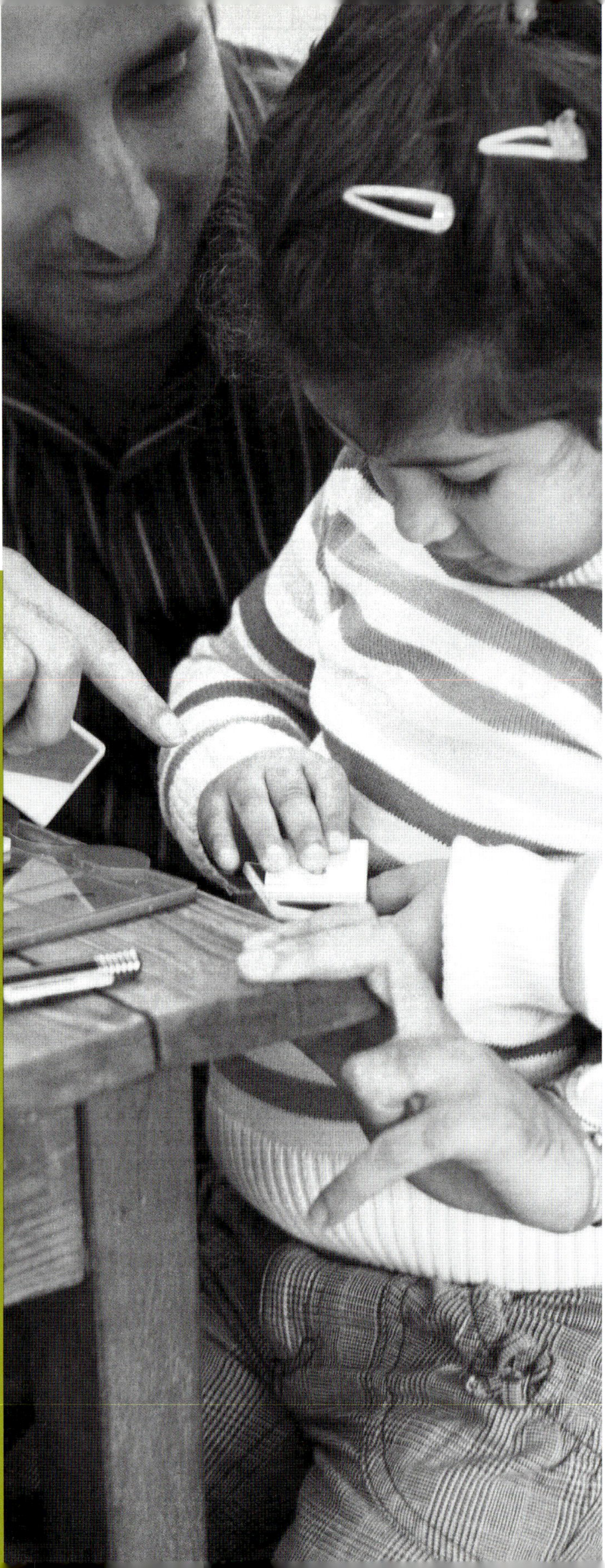

Unterstützung bekommen

Deine Nähe gibt mir Sicherheit.
Deine Geduld bedeutet Ruhe und Kraft.
Deine Hand zeigt mir Wege auf.
Zu wissen, dass du hier bist, gibt mir Mut und neue Ideen.
Deine Worte sind Ansporn und schenken mir Zuversicht.
Dein Blick lässt mich nicht aufgeben, lässt es mich erneut versuchen.
Unser gemeinsames Tun fühlt sich einfach gut an.
Meine Fragen finden bei dir Antworten.
Dein Vertrauen in mich lässt mich noch andere Lösungen entdecken.
Dein Lob lässt mich über mich selbst hinauswachsen.
Dein Lächeln verleiht mir Flügel.
Die Zeit, die du mir widmest, ist etwas ganz Besonderes.
Ich habe es geschafft.
Jetzt kann ich es auch alleine.
Und du bist einfach da.

IN EINER ATMOSPHÄRE, in der sich Kinder aufgehoben fühlen, können sie ihre Fähigkeiten besonders gut entfalten. Die Zuversicht in das eigene Können wächst mit positiven Lernerfahrungen und im Kontext stabiler Beziehungen. Wenn Kinder dann etwas Neues erlernt haben und zielgerichtet in ihrem Tun ermuntert werden, ist die Bereitschaft zur Wiederholung am Größten. Diese wiederum ist eine wesentliche Voraussetzung dafür, das Gelernte dauerhaft im Gehirn zu verankern. Dabei werden Aufmerksamkeit und Wahrnehmung insbesondere über eine gefühlsbetonte Untermalung und emotionale Begleitung fokussiert, sie mobilisieren das Denken und sorgen für eine adäquate Verarbeitung.
Kinder erleben das gemeinsame Spiel zugleich als Herausforderung und Vergnügen, sie wollen ihre Kräfte messen, Grenzen erfahren und Neues ausprobieren. Dies gelingt ihnen vor allem dann, wenn Erwachsene sie dort abholen, wo sie stehen, und ihre Unterstützung so gestalten, dass sie sich täglich neu vom Können und Werden der Kinder überraschen lassen.

PROF. DR. ANDREA CABY

Sinne schulen

KINDER WOLLEN IHRE KRAFT spüren, ihre Geschicklichkeit auf die Probe stellen: Sie wollen klettern und springen, balancieren und rutschen, sich verstecken, weglaufen und gefangen werden.

Nichts ist zu spüren von Anstrengung, Mühe und Selbstüberwindung – es ist einfach schön, sich zu verausgaben und dann ebenso plötzlich in tiefe Ruhe versinken zu können.

Kinder leben in der Gegenwart, jeder Augenblick ist lebenswert. Und sie begegnen der Welt mit allen Sinnen, entdecken immerfort Neues, Spannendes, wollen an der Welt teilhaben, in ihr Spuren hinterlassen und Wirkungen erzeugen.

Die Lebewesen und die Dinge – sie sehen, hören, befühlen und anfassen, sie schmecken und riechen, sich in und mit ihnen bewegen. Die Sinne liefern den Kindern vielfältigste Eindrücke von ihrer Umwelt, aber auch über sich selbst in Zusammenhang mit ihr.

In den ersten Jahren ist die Welt noch voller Überraschungen, die aufgespürt und mit Spannung ausgekostet werden wollen. Kinder genießen das Sinnliche Sich-Einlassen mit der Welt und haben dabei weder ein Gefühl für die Zeit noch für die in der Erwachsenenwelt geltenden Regeln.

Kinder brauchen sinnliche Welterfahrungen, sie brauchen Gelegenheiten zum Staunen, Suchen, Zweifeln, Ausprobieren und Erleben. So bestimmen sie ihr Verhältnis zur Welt immer wieder neu, und so kann scheinbar Selbstverständliches auch immer wieder neu entdeckt und wahrgenommen werden.

PROF. DR. RENATE ZIMMER

Sinne schulen

Elemente erfahren

Elemente erfahren

SEIT DER ANTIKE beflügeln die Elemente Wasser, Luft, Feuer und Erde die Fantasie und das Denken der Menschen. Es kann nicht verwundern, dass sich eine große Zahl von PhilosophInnen, KünstlerInnen und WissenschaftlerInnen aus den unterschiedlichsten Perspektiven mit dem Thema beschäftigt haben. Denn die Elemente sind komplex, existenziell und sinnlich. Die intensive Auseinandersetzung mit den Elementen ist eine positive Erfahrung existenzieller Selbstwirksamkeit und beansprucht sinnlich-ästhetische ebenso wie kognitiv-rationale Erfahrungs- und Aneignungsweisen. Dieses kreative Potenzial spüren nicht nur Erwachsene, sondern besonders Kinder, wenn sie sich von frühester Kindheit an mit den Elementen auseinandersetzen.

Auf dem Foto ist ein Mädchen zu sehen, das einen geformten Sandklumpen in der linken, halb geöffneten Hand hält. Ein wenig Sand rieselt zwischen den Fingern auf den Boden. Der rechtwinklig an den Körper gezogene Arm verweist auf den Prozess kindlicher Aneignung: Das Material Erde wird erfahren durch Greifen, Formen, Spüren, Transportieren, Mischen oder durch das Rieseln durch die Hände.

Wenn Kinder im Sandkasten spielen, erfahren sie aber nicht nur das Material, sondern sie konstruieren auch ihre Vorstellungen von der Wirklichkeit. Mit Sand etwa können Bewegungsimpulse und Emotionen ebenso ausgedrückt werden wie funktionale Konstruktionen. Die Eigenschaften des Sandes sind dabei unmittelbar über die Sinne spürbar. Diese elementare Eigenschaft macht das Spielen im Sand so wertvoll. In den ersten Lebensjahren gibt es kaum ein Material, das derart effektiv die Erfahrung von Selbstwirksamkeit mit der Differenzierung von Körpersinnen, Wahrnehmung und Denken verknüpft. Mit der Wahrnehmung fängt das Denken an. Das spielerische Gestalten mit den Elementen scheint die einfachste Art und Weise zu sein, die Fantasie und das Denken von Kindern nachhaltig zu fördern.

PROF. DR. STEFAN BREE

Forschergeist wecken

PROBIEREN GEHT ÜBER STUDIEREN – dies ist ein Leitsatz, der für Kinder ganz besonders gilt. Kinder haben über die Welt keine vorgefertigten Vorstellungen und Lehrsätze. Spielerisch experimentierend setzen sie sich mit ihr auseinander, erfahren die Gesetze der Schwerkraft beim Türmchen bauen und sind fasziniert vom Plätschern, Spritzen und Kreiseln des Wassers, das sie unermüdlich von einem Gefäß in das nächste füllen.

Wenn Kinder ausprobieren dürfen, Fehler machen dürfen, Vermutungen äußern und an der Realität verwerfen können – kurz: *staunen dürfen* –, dann wird ihre Neugierde auf die Welt geweckt und sie beginnen sich ganz selbstverständlich mit naturwissenschaftlichen, sozialwissenschaftlichen oder geisteswissenschaftlichen Fragen zu beschäftigen: Verändert sich das Volumen einer Flüssigkeit, wenn man sie in ein breiteres Gefäß umfüllt? Was ist an Oma und Opa anders als an Mama und Papa? Was gehört alles zu einer spannenden Geschichte?

Kinder sind geborene Forscher, denn sie sind neugierig und wissbegierig. Beim Forschen und Experimentieren werden ganz nebenbei auch übergeordnete Fähigkeiten entwickelt und gefördert: Es stärkt die Sprachfähigkeit und das logische Denken, anderen Kindern oder Erwachsenen rätselhafte Phänomene und begeisternde Ergebnisse der Experimente ganz genau zu schildern. Im gemeinsamen Experimentieren entsteht eine durch gemeinsame Interessen verbundene Gemeinschaft. So werden Beziehungen zu anderen Kindern, aber auch zu Eltern und PädagogInnen gestärkt. Forscher-Ecken, Lernwerkstätten und Materialsammlungen fördern zunehmend in Kitas und Grundschulen die Neugier und Faszination für Wissenschaft und Forschung. Bundesweit öffnen zugleich Universitäten, Forschungseinrichtungen, Labore und Museen ihre Türen und arbeiten partnerschaftlich mit Kindern, ihren Familien und den pädagogischen Fachkräften zusammen. Und selten sieht man die Kinder konzentrierter und motivierter an einem Thema arbeiten, als wenn sie sich der Welt und ihren Phänomenen im spielerischen Experiment widmen.

PROF. DR. CLAUDIA SOLZBACHER

Forschergeist wecken

Vielfalt entdecken

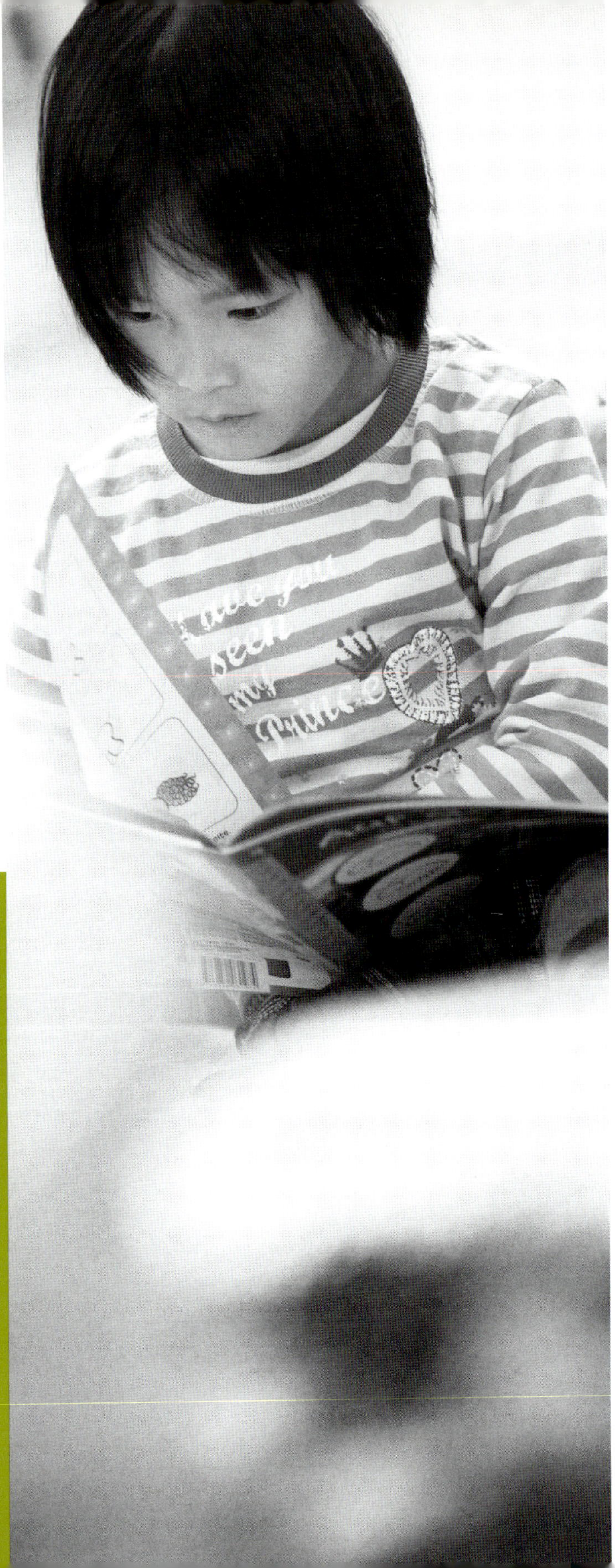

Vielfalt entdecken

WIR LEBEN IN EINER WELT der ungeheuren Vielfalt – der Gerüche, Geschmäcke, Farben und Formen und natürlich der Menschen und ihrer Kulturen.

Mit seiner unstillbaren Neugier und seinem angeborenen Explorationsverhalten erschließt sich das Kind von Tag zu Tag mehr von dieser Vielfalt und vergrößert damit seine eigene Welt. Entstanden sind diese Eigenschaften im Laufe der Menschheitsgeschichte, und sie müssen trotz der damit verbundenen Gefahren einen Selektionsvorteil darstellen. Auch mit dem Risiko, sich zu stoßen, zu stolpern, zu stürzen oder durch andere verletzt zu werden, lässt sich das Kind von seiner Neugierde auf Neues treiben, ist offen für neue Eindrücke und Erfahrungen.

Das Entdecken von Neuem ist für das Kind eine große Lust, ein großes Abenteuer und der Schrittmacher für seine Bildung und Entwicklung. Neues wird mit Bekanntem abgeglichen, Unterschiede und Diskrepanzen werden analysiert und in die vorhandenen Schemata integriert – bis Langeweile entsteht und die Suche nach Neuem wieder beginnt. Dies ist ein intrinsischer Mechanismus, ein eingebauter Motor, der uns lebenslang aktiv hält.

In unserer immer näher zusammenrückenden Welt mit ihren verschiedenen Menschen, Kulturen, Religionen, Gesellschafts- und Familienmodellen sowie unterschiedlichen sozialen Lagen wird die integrative Kompetenz zu einer neuen Schlüsselkompetenz, die sich Kinder, Eltern und pädagogische Fachkräfte erwerben und lebenslang erhalten müssen. Vielfalt ist ein selbstverständlicher Teil unserer Lebensrealität, die geschätzt und gelebt werden will. Vielfalt ist Herausforderung und Chance zugleich!

PROF. DR. HEIDI KELLER

Herausforderungen meistern

DIE BEGABUNGEN eines Kindes können nur entfaltet werden, wenn es lernt, Herausforderungen freudig anzunehmen und sich bei auftretenden Schwierigkeiten immer wieder Mut zu machen. Das geht am besten, wenn das Kind ein Gespür dafür entwickelt, was es sich zutrauen kann: Die realistische Einschätzung der eigenen Fähigkeiten schützt vor Über- und vor Unterforderung. Begabungen können umso besser entfaltet werden, je besser in Schule und Elternhaus die Passung zwischen den Anforderungen und der momentanen Leistungsfähigkeit des Kindes gelingt. Die Leistungsmotivation entwickelt sich deshalb am besten, wenn Eltern bzw. PädagogInnen nicht mehr, aber auch nicht weniger Hilfe anbieten als nötig.

Für Eltern, ErzieherInnen und LehrerInnen ist das Vermitteln von Freude an der Herausforderung selbst eine besondere Herausforderung: Wie können stressgeplagte Eltern dafür sorgen, dass ihr Kind weder unter- noch überfordert wird? Wie sollen das LehrerInnen in der Schulklasse hinbekommen? Auch unter erschwerten pädagogischen Bedingungen gibt es Möglichkeiten, Herausforderungen auf die Leistungsfähigkeit des Kindes abzustimmen. So hängt z. B. die „Schwierigkeit" einer Aufgabe nicht nur von ihren objektiven Anforderungen ab, sondern auch von den Bewertungskriterien: Tom kann nicht so hoch klettern wie seine ältere Schwester. Trotzdem fühlen sich beide weder unter- noch überfordert.

Wie ist das möglich? Des Rätsels Lösung: Der Vater steht in der Nähe und lenkt Toms Aufmerksamkeit auf Leistungskriterien, die er erreichen kann: „Kannst du dich schon festhalten, ohne abzurutschen?" Oder: „Kannst du schon eine Stufe höher kommen als das letzte Mal?"

Die Motivationsforschung hat gezeigt: Wenn Eltern oder PädagogInnen ihre *Bewertungskriterien individualisieren* (d. h. mehr den individuellen Leistungsfortschritt des Kindes als den Vergleich mit der Leistung anderer hervorheben), entwickeln Kinder eine stetig wachsende Freude an Herausforderungen.

PROF. DR. JULIUS KUHL

Herausforderungen meistern

Freude haben

Freude haben

„SICH FREUEN WIE EIN KIND" – diese Redewendung verweist auf die enge Verbindung der beiden Begriffe Kindheit und Freude. Wer von Kindern redet, verbindet dies häufig mit Vorstellungen vom Kind, das mit freudigem und „unverstelltem" Blick der Welt begegnet und diese aktiv erkundet. Doch sind dies nicht alltägliche Deutungen, die mehr über die normativen Erwartungen Erwachsener verraten, als über das, was Kindheit heute ausmacht?

Freude scheint auf den ersten Blick kein Thema frühpädagogischer Forschung zu sein. Aktuell scheint man sich „ernsteren" Themen zu widmen: kindliche Kognitionen, naturwissenschaftliche und mathematische Bildung auf der einen Seite, Kinderarmut, Kinderschutz und Kompensation kindlicher Defizite auf der anderen Seite. Dass die frühpädagogische Diskussion seit ihren Anfängen jedoch von Bildern begleitet wird, die Kinder als freudige und aktive Lerner darstellen, wird dabei zuweilen vergessen. Und auch die Idee des Kindergartens gründet ja in den frühpädagogischen Anfängen auf einem romantischen Blick auf das Kind. Bei Fröbel ist das Kind „ein Symbol für die Göttlichkeit des Menschen".

Aktuell wird ein Bild vom Kind als Hyperlerner entworfen, kindliche Aktivität auf das Lernen verkürzt und damit eingepasst in die Vision einer zukünftigen, auf lebenslanges Lernen angewiesenen Wissensgesellschaft. Neben dem Diskurs um das freudig lernende, aktive Kind wird Kindheit heute in Zusammenhang mit Armut, Vernachlässigung und elterlichem Erziehungsversagen gebracht. So wichtig es auch ist, die Potenziale der frühen Kindheit nicht zu unterschätzen, so sehr besteht die Gefahr, Kindheiten losgelöst von gesellschaftlichen Erwartungen, Strukturen und Ungleichheitsbedingungen zu romantisieren und Kindern uneingeschränkte Wirkmächtigkeit zuzusprechen. Die einseitige Skandalisierung des Leidens von Kindern und die Romantisierung des Kindes als freudiger Lerner sind zwei Seiten einer Medaille: Sie versperren zuweilen den Blick auf die Vielfältigkeit von Kindheiten heute.

PROF. DR. PETER CLOOS

Trost finden

TROST FINDEN hilft, den traurigen Blick wieder aufzurichten, sich der Welt und den Mitmenschen wieder zuzuwenden. Trost macht wieder stark, lässt Enttäuschungen, Hilf- und Hoffnungslosigkeit hinter sich, macht Mut, es doch noch einmal zu versuchen. Trost kann durch Worte, Gesten und – wie hier – durch Berührung gespendet werden.

Ein Spielgefährte, ein Freund, der zu mir hält, lässt mich durch die Wärme seiner Hand unmittelbar Mitmenschlichkeit spüren, stellt die Verbindung wieder her zur Welt, holt mich zurück und lässt mich an ihr teilhaben. Kindern kann die „innere Festigkeit" – nichts anderes meint Trost in seiner ursprünglichen Wortbedeutung – verloren gehen, wenn sie keinen Trost finden. Kinder brauchen solchen Halt, brauchen aber auch Anregung, Unterstützung und Sicherheit, um sich gesund entwickeln zu können. Doch die hohe Anzahl von Hilfe suchenden Anrufen beim Kinder- und Jugendtelefon, der „Nummer gegen Kummer", zeigt auf, dass immer mehr Kinder offenbar keinen ausreichenden Trost bei den Menschen finden, die ihnen nahe sind.

Wird dem Kind aber Trost zuteil, hilft er über das Unglücklichsein hinweg. Das Kind kann wieder lachen, spielen, glücklich sein. Bei nächster Gelegenheit kann es selbst andere trösten, etwas von der erlebten Zuwendung an jemand anderen weitergeben, der trauert oder seelischen bzw. körperlichen Schmerz zu ertragen hat. Trost schafft in der Zuwendung eine Kommunikation, in der Kränkungen, psychische Verletzungen wahrgenommen und zur Sprache gebracht werden können. Kinder brauchen diesen Ort im Spiel mit den Gleichaltrigen, mit den Eltern, ErzieherInnen und Lehrkräften. Trost zu spenden und Trost zu empfangen braucht deshalb aber auch eine Kultur der Achtsamkeit, Akzeptanz und Wertschätzung. Nur hier kann ein Kind seine „innere Festigkeit" erlangen und Stärke finden, um auch in trostlosen Zeiten zu bestehen. Denn kein Kind darf alleingelassen werden, kein Kind darf verloren gehen.

PROF. DR. PETER PAULUS

Trost finden

Bewegt werden

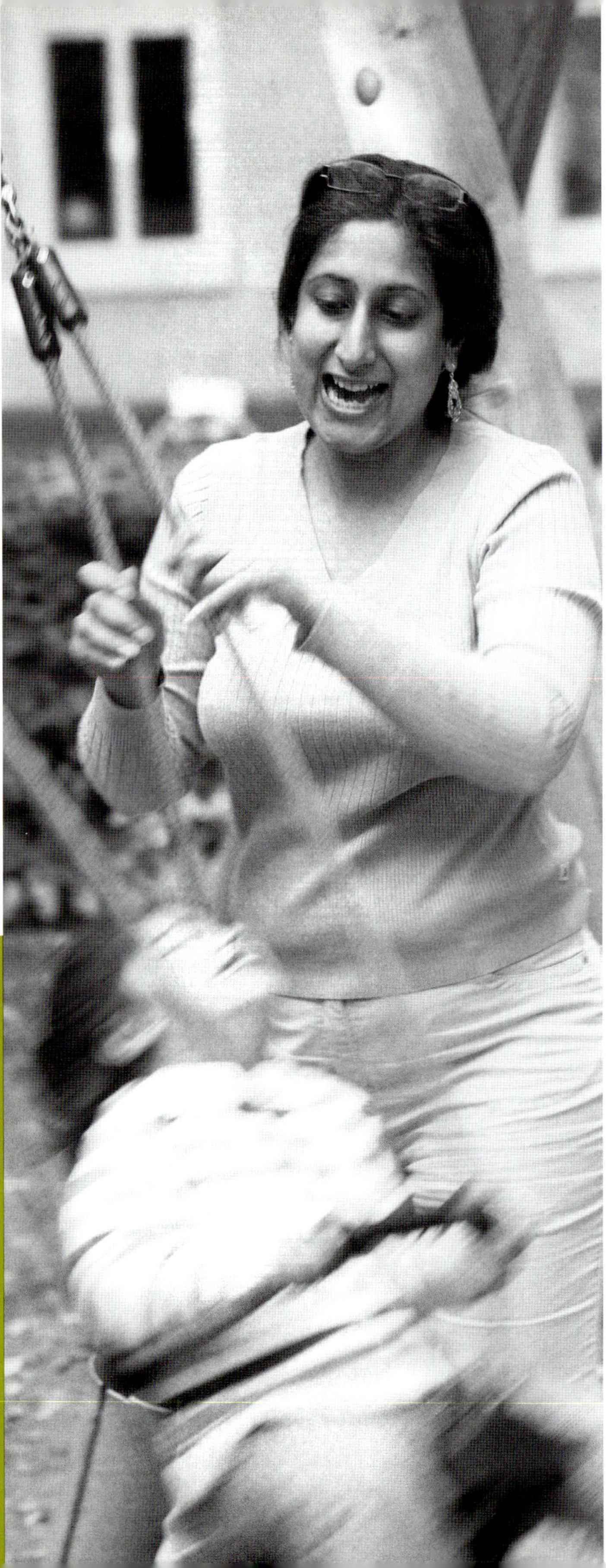

Bewegt werden

KITZEL IM BAUCH, Schwindel im Kopf, die Macht der Kräfte spüren, die den Schwung beschleunigen, sich im Kreis drehen, fallen, wieder aufsteigen – das ist Ausdruck der körperlichen Lust am Sein. Sich selbst bewegen heißt auch bewegt werden, äußerlich wie innerlich!

Die wilde Lust, die Sinne zu verschaukeln, erfasst beide – Mutter wie Kind. Die Schaukel wird zum Bindeglied zwischen beiden. Gemeinsam wird die Freude an der Bewegung doppelt groß – in unterschiedlichen Rollen und doch stets aufeinander bezogen: Schwung geben und sich treiben lassen, in einen gemeinsamen Rhythmus kommen und die Bewegungen aufeinander abstimmen. Wie viel Anschwung ist nötig, um die Schaukel in Gang zu setzen, ohne dem Kind das Gefühl zu nehmen, selbst Herr der Lage zu sein? Beim Anschwingen mitschwingen – motorisch und emotional –, sich am gemeinsamen Tun erfreuen, bewegt werden und bewegt sein – das Spiel an und mit der Schaukel birgt für beide genussvolle sensorische Sensationen.

Sich bewegen ist Lebenslust, ist Ausdruck der Freude am Dasein, aber sich  bewegen heißt auch, Erfahrungen sammeln, über sich selbst, über die Dinge, mit denen man sich bewegt und die man in Bewegung versetzen kann.

PROF. DR. RENATE ZIMMER

Talent entfalten

WELCHES GLÜCK ist es, die eigenen Talente ausleben zu können und den Begabungen entsprechend gefördert zu werden – wenn ein Kind mit sich und mit der Welt in Einklang steht und ganz im eigenen Tun aufgeht. Ein solches „Flow"-Erleben bei Kindern zu beobachten ist für Eltern wie für PädagogInnen eine wahre Sternstunde.

Aber in Kitas und Schulen stehen die pädagogischen Fachkräfte immer wieder vor der Frage: Wie fördere ich die Kinder so, dass sie ihre unterschiedlichen Begabungen auch wirklich ausschöpfen können? Wie gelingt es mir, dass die Kinder ihre Stärken zur Bewältigung ihrer Schwierigkeiten einsetzen? Wie kann ich sie in ihren Lernprozessen unterstützen, wenn es mein Ziel ist, die geistigen und körperlichen Fähigkeiten jedes Kindes optimal zur Entfaltung zu bringen?

Um – möglicherweise vielfältige – Begabungen in „Leistungen" umsetzen zu können, bedarf es zunächst einer gelungenen Beziehung zwischen Kind und PädagogInnen, die von Respekt vor der Vielfalt und den Besonderheiten eines jeden Kindes getragen ist. Solche Beziehungen schaffen die Grundlage dafür, dass Begabungen sichtbar werden und Kinder bereit sind, Förderung auch anzunehmen – ob es sich nun um intellektuelle, sozial-emotionale oder musisch-künstlerische Fähigkeiten handelt, um psychomotorische oder um eher praktische Begabungen.

Gelungene individuelle Förderung von Begabungen benötigt anregende Lernumgebungen und -gelegenheiten für alle Kinder. Dabei brauchen auch die begabtesten Kinder Frustrationstoleranz und Durchhaltevermögen, um anstrengende Übungsphasen durchzuhalten. Die Entwicklung einer solchen Selbst-Kompetenz ist Bedingung dafür, Begabungen auch tatsächlich leben zu können.

Begabungen entwickeln sich im Laufe des Lebens und können sich verschieben. Je früher wir Begabungen erkennen, desto gezielter können wir sie fördern und dafür sorgen, dass Begabungen nicht verloren gehen. Das Strahlen der Jungen und Mädchen, die ihre Begabungen ausleben können, ist ein wunderbarer Lohn dafür.

PROF. DR. CLAUDIA SOLZBACHER

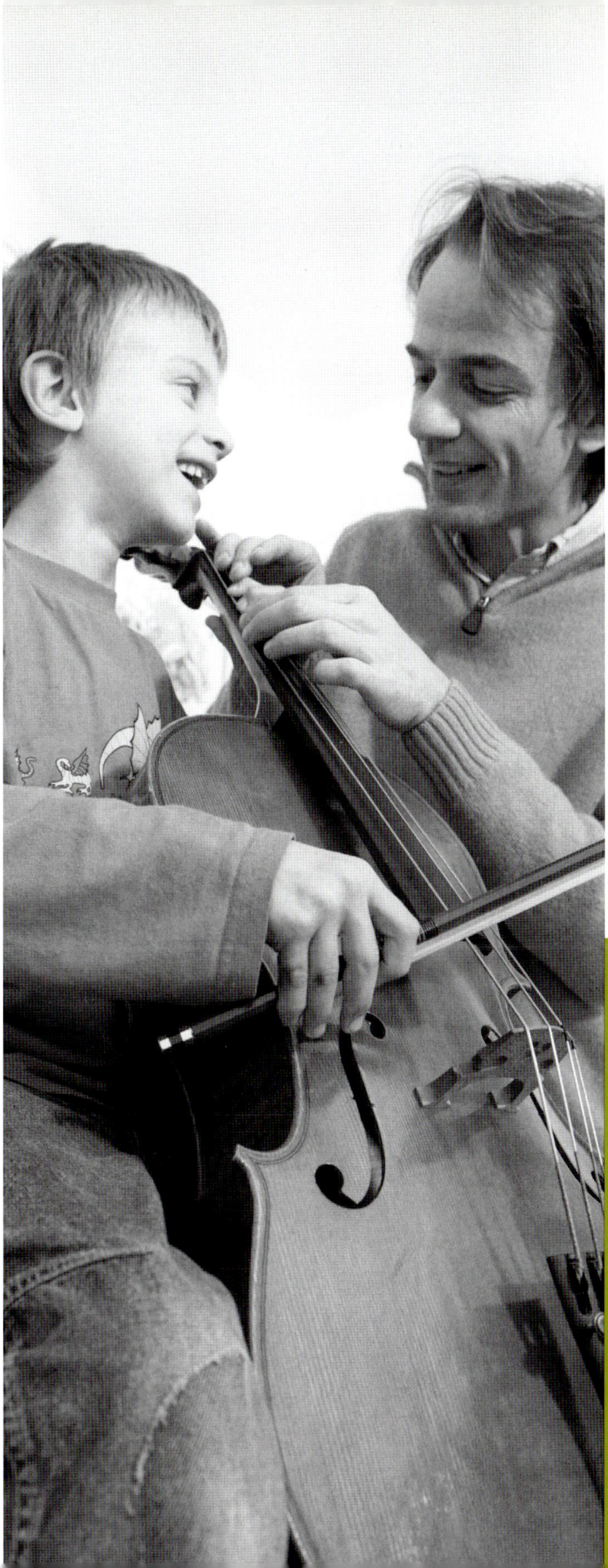

Talent entfalten

Gemeinsamkeit erleben

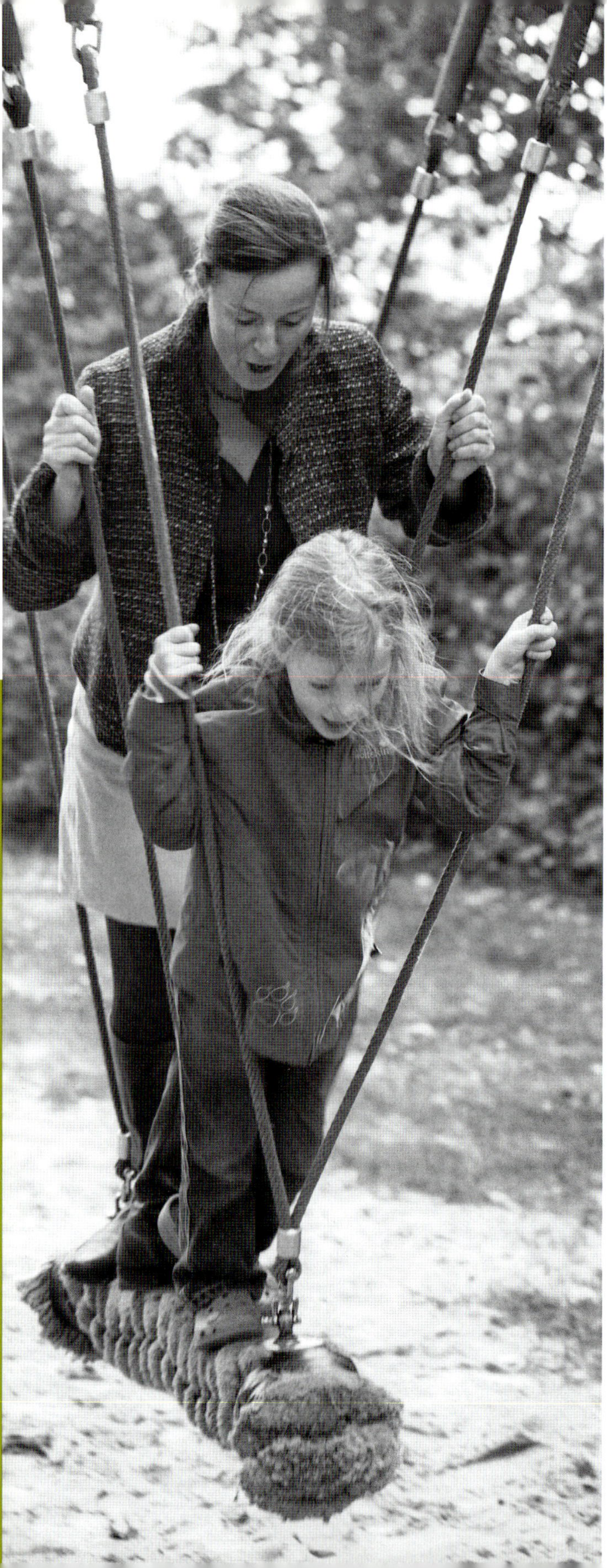

Gemeinsamkeit erleben

KINDER SIND VON ANFANG AN soziale Wesen. Und sie erfinden sich als soziale Wesen immer wieder neu und erwerben tagtäglich neue soziale Kompetenzen. Ihre Fähigkeit, „Gemeinsamkeit zu erleben", ist eingebettet in einen hochkomplexen Entwicklungs- und Lernprozess, der neben der kontinuierlich verbesserten Selbstwahrnehmung auch eine permanent zunehmende soziale Sensibilität beinhaltet.

Insbesondere durch das Lernen in einer Gruppe, zum Beispiel im Kindergarten, verstehen Kinder nach und nach immer besser unterschiedliche Interessen des Gegenübers und die damit verbundenen Gefühle (Perspektivenübernahme). Nach und nach entwickeln sie auch wachsende Kompetenzen der Zusammenarbeit mit anderen, eine behutsam wachsende Befähigung, einfache soziale Verhandlungssituationen stetig besser zu bewältigen, das immer bessere Erkennen und Tolerieren von „Anderssein", die Erkenntnis, beim Gegenüber etwas zu bewirken, die Fähigkeit, eigene Impulsivität im sozialen Umgang zu steuern oder das Eigentum anderer zu respektieren.

Dies alles bildet die Grundlage für die soziale Partizipation im Kindesalter. Solche beeindruckenden Entwicklungen der sozialen Kompetenz und der Selbstorganisationsfähigkeit machen sich nicht nur in der Kooperation (und der Konfliktbewältigung) mit anderen Kindern bemerkbar, sondern auch in den Beziehungen zu den Erwachsenen. Mit ihnen „Gemeinsamkeit zu erleben" setzt dieselben Fertigkeiten wie in den Beziehungen zu anderen Kindern voraus. Auch hier werden tiefe Bedürfnisse nach Kommunikation und Sozialbeziehungen befriedigt und lustvoll ausgelebt. Die Generationendifferenz eröffnet dabei zusätzliche Lernchancen voller vielschichtiger Gefühle und Erkenntnisse. Hoffen und Bangen, das Gefallen-Wollen und das In-Konfrontation-Gehen, gemeinsames Lachen und das Spaßhaben, Staunen, Vertrauen, Geborgensein, die Fähigkeit, Risiken und Wagnisse einzugehen – auch das macht das „Erleben von Gemeinsamkeit" aus.

PROF. DR. WALDEMAR STANGE

Die Welt beobachten

DURCH DAS BEOBACHTEN ermöglichen wir uns erste Einblicke in eine für uns noch „fremde Welt". Beobachten kommt von „Acht geben" oder auch „wach sein". Beobachten bewahrt uns in diesem Sinne auch vor Unachtsamkeit und leichtfertigem Handeln.

Kinder werden durch Neugierde zum Beobachten der Welt verleitet. Beobachten ist damit der erste Schritt, sich auf Neues einzulassen. Noch aber wird mit dem Beobachten die fremde Welt von außen betrachtet, mit den eigenen Gedanken und aus der eigenen Perspektive. So bietet das Beobachten einen Schutzraum. Zu beobachten bietet Sicherheit und bildet damit die Basis, sich auf Neues einzulassen. Während des Beobachtens hält das Kind an seiner eigenen Welt fest und ist doch wach für die Geschehnisse in der Umgebung. Die fremde Welt zieht die Aufmerksamkeit und das Interesse des Kindes auf sich. Der Blick fällt auf die unterschiedlichsten Dinge. Nicht alles, was in den Blick fällt, kann dabei das Interesse auf sich ziehen. Interesse ist Verbindung. Interesse hat mit Neugierde zu tun, mit Forschungstrieb und Wissbegierde.

Das Kind ist fasziniert von der Welt um sich herum: fasziniert von Schnecken auf dem Weg, die eine schleimige Spur hinterlassen. Von rinnenden Regentropfen an der Fensterscheibe, von im Sonnenlicht funkelnden Glasmurmeln oder von Kindern, die mutig nacheinander auf der Rutschbahn um die Wette rutschen.

Beobachten ist eine Brücke, die aus der „eigenen Welt" in eine „fremde" führen kann. Sie ebnet den Weg zu neuen Systemen, indem sie behutsam dahin führt, sich auf Anderes einzulassen, nach und nach damit vertraut zu werden und mit der eigenen Welt zu verbinden. Beobachten ist der Weg in die Welt.

PROF. DR. ANKE KÖNIG

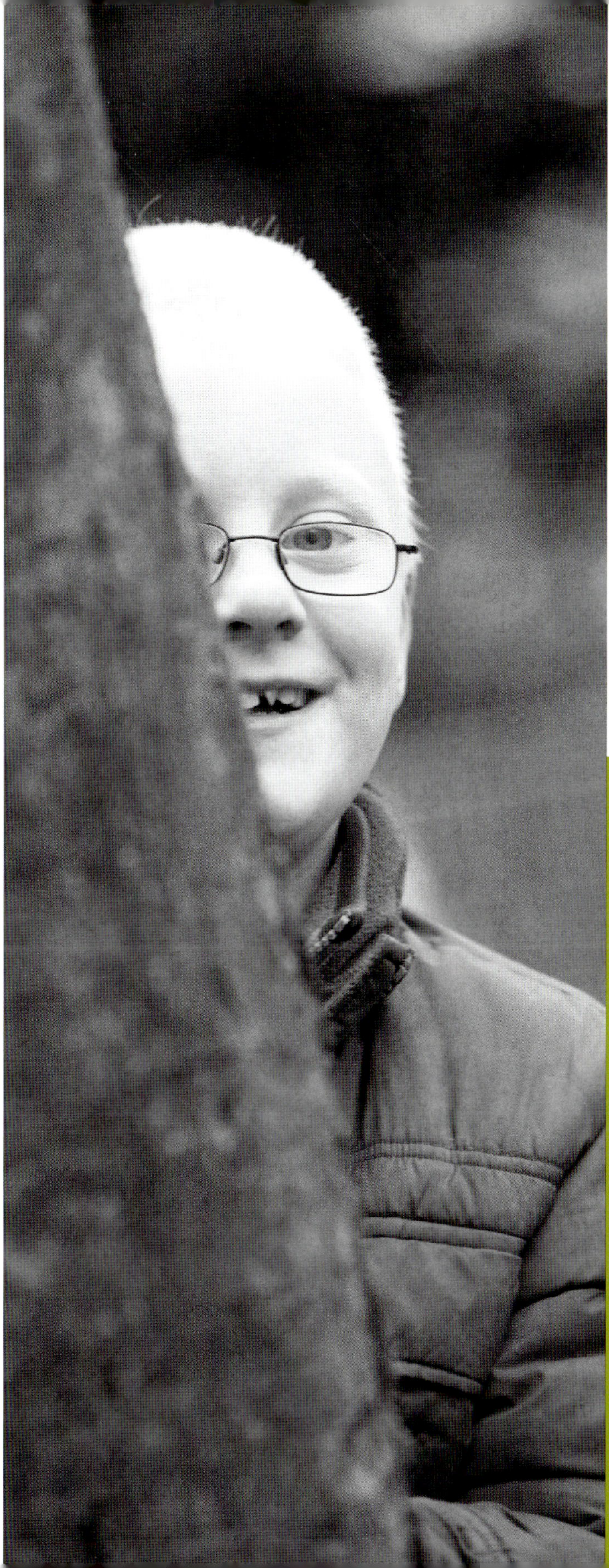

Die Welt beobachten

Gemeinsam lachen

Gemeinsam lachen

GEGEN ENDE der Schwangerschaft, wenn der Bauch dick und rund ist und die werdende Mutter lacht, dann lacht schon das ganze Kind mit und erlebt eine der ersten humorvollen Ganzkörpererfahrungen in seinem Leben!

In den ersten Wochen nach der Geburt warten die Eltern sehnsüchtig auf das erste Lächeln ihres Kindes. Sie wünschen sich ein erstes Zeichen des Wohlbefindens, der Zufriedenheit und das Signal: Mir geht's hier gut! Es folgen erste Spiele mit Kindern, die sie zum Lachen bringen: Vom auf den Bauch prusten bis hin zu „Guckguck, guckguck, da!". Wir genießen es, wenn die kleinen Menschen so ausgelassen giggeln und lachen, wenn kleine Kinder sich über Dinge noch kaputtlachen können, die wir gar nicht mehr sehen mit unserem vergeistigten Herz.

Lachen ist gesund, sagt der Volksmund. Lachen entspannt manch heikle Situation. Ja! Es fühlt sich einfach gut an, aus vollem Halse zu lachen, wenn mal wieder alles schiefgegangen ist, der Spinat an der Decke klebt, aber ein rundherum zufriedenes Kind vor einem sitzt und sich an dem neuen Farbspiel erfreut.

Wenn wir uns wohlfühlen, haben wir Raum, um gemeinsam zu lachen! Kinder lachen beim Spielen ebenso ausgeprägt wie sie sich ärgern können – das erlebt jede, die mit Kindern lebt und arbeitet. Kindliche Gefühle sind in beide Richtungen so intensiv, wie wir Erwachsenen es uns leider nur noch selten erlauben. Für die emotionale Entwicklung ist insbesondere das *gemeinsame* Lachen so wichtig, z. B. im Kindergartenalltag.

Unser Leben ist durchsetzt von Situationen, in denen wir so herzlich gelacht haben, bis die Tränen kamen. Manchmal können wir den Grund gar nicht mehr nachvollziehen, aber an solche Situationen erinnern wir uns lange: Weil das Gefühl so schön war – wie ein kuscheliger Teddybär.

PROF. DR. JULIA SCHNEEWIND

Geschichten erleben

DIE FANTASIE ist das Königreich der Kinder. Hier können sie in ihre eigene Welt eintauchen, voller Abenteuer, Fabelwesen, Verwandlungen und kleinen Wundern.

Das Vorlesen bietet ein ideales Sprungbrett in dieses Kinder- und Königreich. Es bietet die Chance, sich in einer Atmosphäre der Sicherheit und des Wohlfühlens fallen zu lassen, sich tief in andere Menschen einzufühlen, sich deren Leben und Erleben vorzustellen oder neue und fremde Situationen gedanklich zu durchleben und auch Zusammenhänge zu verstehen.

Vorlesen fördert Kinder entscheidend in ihrer Sprachentwicklung und diese ist wiederum ein wesentlicher Teil der Persönlichkeitsentwicklung. Geschichten vorgelesen zu bekommen, kann dazu motivieren, selbst lesen zu wollen oder sich selbst als kleiner Schriftsteller zu versuchen. Die Begeisterung für Sprache und der kreative Umgang mit ihr nehmen oft beim gebannten Lauschen und Zuhören ihren Anfang. So übersetzen Kinder die gehörten Geschichten gerne in Rollenspiele, lassen sich anregen, verändern und erweitern das Geschehen, erproben verschiedene Variationen. Sie lernen auf diesem Wege, sich nicht nur in Gefühle hineinzuversetzen, sondern hierfür Worte zu finden. Dabei geht es auch um Stimmvolumen, Tempo, Rhythmus, Betonung, Lautstärke, Haltung und Atmosphäre. Geschichten können Kinder dazu herausfordern, ihre Fähigkeiten der bildnerischen Darstellung zu nutzen und dabei auch Neues auszuprobieren. Geschichten vorgelesen zu bekommen liefert Kindern eine Möglichkeit, sich Wissen anzueignen und in neue Erkenntnis-Dimensionen vorzudringen. Durch das Vorlesen können sich also vielfältige Begabungen entwickeln und entfalten, die sich durch entsprechende Förderung weiter verstärken können.

Zuhören bedeutet dann Lauschen, sich in eine andere Welt hineinzuversetzen und verwandeln zu lassen – so können Geschichten faszinieren, berühren und einfach Spaß machen.

PROF. DR. CLAUDIA SOLZBACHER

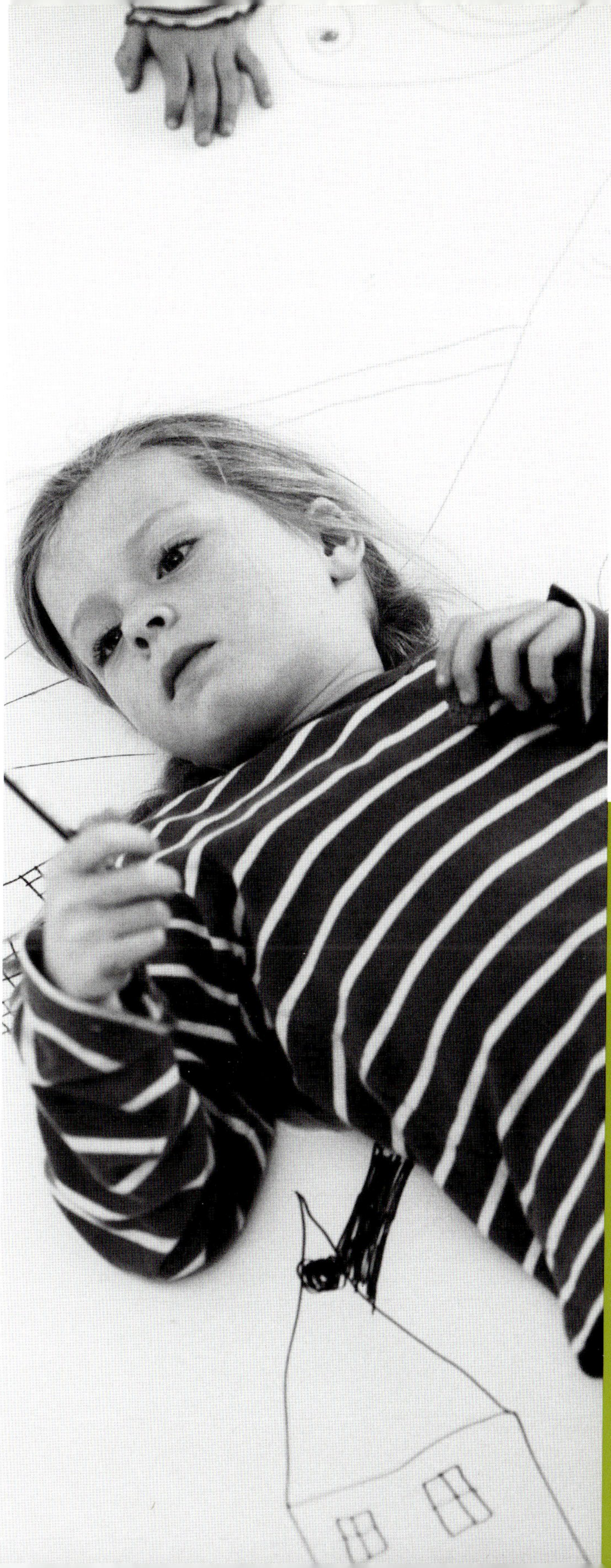

Geschichten erleben

Träume spinnen

Träume spinnen

TRÄUME SPINNEN, in ganz eigene Welten eintauchen und neue Wirklichkeiten konstruieren – das geht Kindern leicht von der Hand. Aus ihren Träumen und Fantasien schöpfen Kinder auch die Fähigkeit, Ideen und Problemlösungen jenseits der konventionellen Muster und Schablonen unserer Alltagswelt zu entwickeln. Sie sehen die Dinge oft ganz anders und aus einem Blickwinkel, der uns Erwachsenen inzwischen nicht mehr zugänglich zu sein scheint oder der zwischen all den eingeschliffenen Routinen verloren gegangen ist.

Das ist mir zum Beispiel nachdrücklich deutlich geworden, als ich zusammen mit Schulen und Kindergärten in einem kleinen Ort einen substantiellen Beitrag zur Verkehrsentwicklung und Verkehrsplanung leisten wollte. Die Kinder haben nicht nur erstaunlich gut Probleme erkannt und benannt, sondern auch äußerst unkonventionelle und kreative Verbesserungsvorschläge entwickelt. So schlugen sie vor, am Ortseingang, wo die Autos immer viel zu schnell fuhren, nicht nur eine Verkehrsinsel zu bauen, sondern dort auch vier Meter hohe Kinderfiguren aus Holz aufzustellen: „Denn dann können wir ja nicht mehr übersehen werden!"

Solche Kinderlogik und Kreativität zeigen, dass Kinder sich viel weniger an vorgegebene Lösungsstrategien halten, sich nicht an Einschränkungen der Fantasie durch Vorschriften und Sachzwänge halten. Sie können sich auf wundervoll intensive Art aus dem Zeitgefängnis der äußeren Vorgaben lösen. Sie haben eben noch nicht die Fähigkeit verloren, „Träume zu spinnen". Das zeigen sie auch dann immer wieder, wenn man gemeinsam mit ihnen beispielsweise Räume umgestaltet oder fantasievolle, originelle Modelle für Spielplatzumgestaltungen baut.

„Träume zu spinnen" macht Kindern unendlich Spaß. Sie der grauen Realität leichtfüßig und lustvoll abzugewinnen, erfüllt sie mit hoher Befriedigung.

PROF. DR. WALDEMAR STANGE

Kräfte erproben

KRÄFTE ERPROBEN macht Spaß. Was macht Tim aber, wenn er auf einen Gegner trifft, der schwer zu besiegen ist? Was macht er bei Schulaufgaben, die mühsam und anstrengend werden? Wie lange macht dann das „Kräfte erproben" noch Spaß?

Eine der wichtigsten persönlichen Fähigkeiten ist die Selbstmotivierung. Kinder, die ihre Motivation auch dann aufrechterhalten können, wenn es vorübergehend einmal schwierig oder langweilig wird, können ihre Begabungen besser entfalten. Sie können das, was in ihnen steckt, immer wieder erproben. Psychologen stellen ebenso wie viele Eltern und LehrerInnen fest, dass ausgerechnet diese wichtige Fähigkeit vielen Kindern fehlt.

Wie lässt sich die Entwicklung der Selbstmotivierungskompetenz unterstützen? Die Motivationsforschung hat gezeigt: Sie entwickelt sich am besten in guten Beziehungen. Gute Beziehungen sind daran erkennbar, dass sich beide *Personen* gut verstehen und gegenseitig akzeptieren. Wenn sich ein Kind als ganze „Person" verstanden und akzeptiert fühlt, dann wird das psychische System aktiviert, das PsychologInnen und HirnforscherInnen das „Selbst" nennen. Dieses System bringt alles persönlich Relevante gleichzeitig auf den Schirm – es befähigt zur „Selbstwahrnehmung". Selbstwahrnehmung heißt, alles spüren, was für mein momentanes Handeln persönlich relevant ist.

Die Motivationsforschung hat gezeigt: Alles, was von „selbst" kommen soll, muss irgendwann einmal ins Selbst hineingekommen sein. Wenn ein Mensch sein ganzes Selbst in einer Beziehung einbringen kann (d. h. sich verstanden und angenommen fühlt), kann alles, was in der Interaktion passiert, mit dem Selbst verknüpft werden – und sich daher später auch von „selbst" aktivieren. Wenn Tim also auf irgendeinen Menschen trifft, von dem er sich verstanden und angenommen fühlt und der ihm ab und zu Mut macht, wenn die Motivation absinkt, dann wird er sich bald von „selbst" motivieren können.

PROF. DR. JULIUS KUHL

Kräfte erproben

Perspektiven wechseln

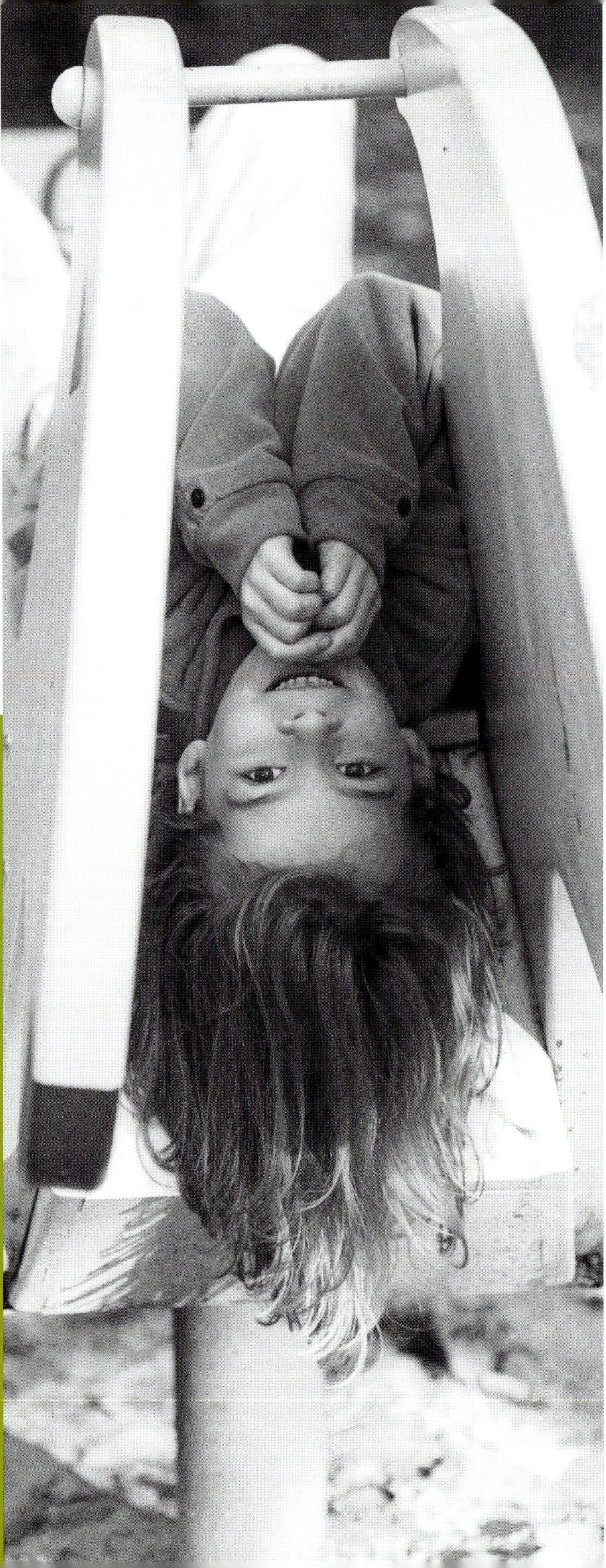

Perspektiven wechseln

PERSPEKTIVEN WECHSELN heißt, die Welt auch einmal Kopf stehen zu lassen. Aus entwicklungspsychologischer Sicht bedeutet es aber vor allen Dingen, die Welt aus der Sicht anderer zu sehen. Diese Fähigkeit gehört zur Grundausstattung des Menschen, die sich im Laufe der Evolution herausgebildet hat. Ohne sie gäbe es beispielsweise auch kein Mitgefühl und keine Empathie als Voraussetzung eines sozialen Miteinanders. Die Welt aus der Sicht anderer sehen zu können, erfordert allerdings einen komplexen Entwicklungsprozess der aktiven Aneignung und Ko-Konstruktion. Im mentalen Urzustand kann der Säugling zunächst nur zwischen angenehmen und unangenehmen Empfindungen unterscheiden. Ein erster Schritt zur Entwicklung von Perspektiven ist der Erwerb einer sogenannten „Objekt- und Personenpermanenz", mit der die Dinge und Menschen für den Säugling weiter existieren, auch wenn sie aus dem Blickfeld geraten. Mit ungefähr anderthalb Jahren erkennen Kinder sich dann selbst im Spiegel, und mit rund vier Jahren können sie ihre eigenen Sichtweisen und Überzeugungen von denen anderer unterscheiden – diese Fähigkeit nennt man „theory of mind".

Ein solcher Entwicklungsverlauf ist allerdings nur typisch für den westlichen Kulturkreis mit seinem Ideal einer selbstständigen und autonomen Persönlichkeit. Die meisten Kinder dieser Welt wachsen jedoch mit einem Menschenbild auf, in dem die Verbundenheit mit anderen, insbesondere der Familie, viel wichtiger ist als individuelle Unabhängigkeit. Während ein Kind der afrikanischen Nso sich so selbst immer verschwindend klein und in Gemeinschaft mit der Familie und Verwandten zeichnet, rückt ein westliches Kind sich in den Mittelpunkt und gibt sich individuelle Gesichtszüge.

Ohne Zweifel ist das Perspektivenwechseln ein universeller Meilenstein der Entwicklung. Allerdings können die Wege dorthin ebenso wie das Ziel je nach kultureller Prägung sehr unterschiedlich aussehen.

PROF. DR. HEIDI KELLER

Auf die ersten Jahre kommt es an!

IN DEN ERSTEN JAHREN werden die entscheidenden Grundlagen für die zukünftigen Bildungs- und Entwicklungschancen unserer Kinder gelegt. Kinder kommen mit einem ungeheuren Entwicklungspotenzial auf die Welt, das nur darauf wartet, angeregt, gefördert und ausgeschöpft zu werden.

In den ersten Jahren vollzieht das kindliche Gehirn ein rasantes Wachstum und es entstehen Milliarden von neuen Synapsen-Verbindungen. Ob die so angelegten Informationspfade sich zu breiten, bequem zu befahrenden Autobahnen entwickeln oder verkümmern und wieder verschwinden, hängt entscheidend von ihrer Stimulierung und Nutzung ab. Kinder benötigen daher eine anregende Umwelt, die sie möglichst umfassend herausfordert und sie selbstwirksam werden lässt.

Schritt für Schritt erschließen sich Kinder so ihre Umwelt und bilden Selbst- und Weltvertrauen sowie differenzierte motorische, soziale, kognitive und emotionale Kern-Kompetenzen heraus. Entscheidend für eine gesunde Bildung und Entwicklung ist dabei eine tragfähige Bindung und sichere Beziehungen zu einer oder mehreren Bezugspersonen – in der Regel Mutter und/oder Vater,

aber auch Großeltern oder das pädagogische Fachpersonal in Krippe, Kita oder Tagespflege.

Die ersten Jahre unserer Kinder sind ein sensibler Zeitraum voller Chancen, aber auch Risiken – denn verpasste Chancen können im weiteren Lebensverlauf zur schweren Bürde werden. Daher kommt es darauf an, die ersten Jahre unserer Kinder so optimal wie möglich zu gestalten!

Forschung und Lehre

DIE FORSCHUNG hat in den letzten Jahren entscheidend zu einem neuen Verständnis und gesellschaftlichen Stellenwert frühkindlicher Bildung und Entwicklung beigetragen.

Jetzt kommt es darauf an, die positiven und negativen Einflussfaktoren auf die frühkindliche Bildung wissenschaftlich in den Blick zu nehmen und auf Grundlage der Ergebnisse anwendungsbezogene pädagogische Konzepte zu entwickeln. Ein zentrales Anliegen des *nifbe* ist daher auch ein eng mit der Universität Osnabrück verbundenes Forschungszentrum mit folgenden Schwerpunktthemen:

Entwicklung, Lernen und Kultur
  Prof. Dr. Heidi Keller
Bewegung und Psychomotorik
  Prof. Dr. Renate Zimmer
Begabungsförderung
  Prof. Dr. Julius Kuhl,
  Prof. Dr. Claudia Solzbacher
Elementarpädagogik
  Prof. Dr. Hilmar Hoffmann

Mit dem Forschungszentrum werden vorhandene Kompetenzen interdisziplinär gebündelt und neue Forschungsschwerpunkte in der frühkindlichen Pädagogik geschaffen. In einem wissenschaftlichen Beirat sind darüber hinaus international renommierte ForscherInnen vertreten, die Impulse geben und mit der wissenschaftlichen Welt vernetzen.

**DR. KARSTEN HERRMANN,
REINHARD SLIWKA**

Vernetzung und Transfer

VIELE HÄNDE sind im Spiel, wenn es um das Wohl eines Kindes in den ersten Jahren geht: Vielfältige Netzwerke sind von Anfang an notwendig, um ein gelingendes Leben zu ermöglichen. Von den Eltern, Verwandten und Freunden über Hebammen, Kinderärzte, ErzieherInnen und LehrerInnen bis zur Kinder- und Jugendhilfe, von der Politik über die Forschung bis zur Aus- und Weiterbildung der pädagogischen Fachkräfte reicht die breite Palette.

Mit einem innovativen dezentralen Ansatz setzt das *nifbe* auf eine landesweite Vernetzung und Verzahnung all dieser an der Bildung und Entwicklung des Kindes beteiligten Personen und Institutionen. Nach dem „Gegenstromprinzip" sollen dabei neue Erkenntnisse und Ansätze aus der Forschung in die Praxis einfließen sowie Fragen und Problemstellungen aus der Praxis in die Forschung zurückfließen.

Dafür sind in Niedersachsen fünf regionale *nifbe*-Zentren mit Sitz in Emden, Hannover, Hildesheim, Lüneburg und Osnabrück eingerichtet worden. Netzwerk-ManagerInnen sorgen vor Ort für den Auf- und Ausbau der Regional-Netzwerke sowie für einen systematischen Austausch der NetzwerkpartnerInnen untereinander.

An den regionalen Netzwerken und ihren thematischen Arbeitsgruppen können sich alle diejenigen aktiv beteiligen, die im Bereich der frühkindlichen Bildung und Entwicklung tätig sind.

Auf der Landesebene sorgt die in Osnabrück ansässige Koordinierungs- und Geschäftsstelle des *nifbe* für die Bündelung und Verknüpfung der Netzwerk-Aktivitäten und für den Transfer neuer Erkenntnisse und Modelle – unter anderem durch Landesforen zu verschiedenen Themenschwerpunkten, durch Transfer- und Fachtagungen oder Fach-Publikationen.

Nur wenn alle an der Bildung und Entwicklung eines Kindes beteiligten Akteure an einem Strang ziehen, können dessen erste Jahre optimal gestaltet werden. Das von Pestalozzi vor rund 200 Jahren geforderte „allumfassende Gedeihen eines Kindes" ist auch heute noch eine Gemeinschaftsaufgabe.

Praxis und Qualifizierung

DIE BESTEN FÜR DIE KLEINSTEN!

Für die ersten Jahre in ihrem Leben brauchen Kinder qualifizierte und hoch motivierte pädagogische Fachkräfte in Krippe, Kita, Hort und Tagespflege. Sie sind neben den Eltern die entscheidenden ZukunftsgestalterInnen für die Kinder.

Die Elementarpädagogik befindet sich inmitten eines umgreifenden Reformprozesses, der von der Praxis über die Lehre, Aus- und Fortbildung bis hin zur Forschung reicht. Viele Fragen sind zu beantworten und viele Weichen zu stellen:

Wie soll die zukünftige Aus- und Weiterbildung des pädagogischen Fachpersonals aussehen?

Wie kann der Transfer von neuen wissenschaftlichen Erkenntnissen in die Praxis verbessert und vor allem beschleunigt werden?

Um die Aus- und Weiterbildung der pädagogischen Fachkräfte weiter zu verbessern, baut das *nifbe* systematische Transfer-Strukturen auf. Dazu gehören:

- Transfer-Projekte, die niedersachsenweit innovative Ideen, Ansätze und Konzepte zur frühkindlichen Bildung und Entwicklung mit wissenschaftlicher Begleitung bzw. Evaluation in die Praxis umsetzen.

- Landesweite Fachforen, die zu bestimmten Themen wie Professionalisierung, Elternbildung, U3, Sprache oder Familienzentren arbeiten und PraktikerInnen und WissenschaftlerInnen in einen fachlichen Dialog bringen.

- Tagungen und weitere regionale Veranstaltungen und Publikationen zu wichtigen Themen und neuen Erkenntnissen.

- Eine Informationsplattform, die aktuell über die relevante Aktivitäten und Erkenntnisse informiert.

**HEIKE ENGELHARDT,
MARIA KORTE-RÜTHER
UND MARIA THÜNEMANN-ALBERS**

Autorinnen und Autoren

DR. TIMM ALBERS

Studium der Sonderpädagogik und Tätigkeit als Förderschullehrer. Seit 2005 ist er Lehrkraft für besondere Aufgaben bzw. als Akademischer Rat am Institut für Sonderpädagogik der Leibniz Universität Hannover tätig. Seine Schwerpunkte in Forschung und Lehre beziehen sich auf Inklusion und Integration in der institutionellen Kindertagesbetreuung sowie auf Spracherwerbsprozesse und Interaktion im Kindergarten.

PROF. DR. STEFAN BREE

Zunächst Ausbildung und Tätigkeit als Erzieher. Anschließend Lehramts-Studium der Bildenden Kunst und Kunstpädagogik über den zweiten Bildungsweg; parallele Tätigkeiten als Bildender Künstler und Bildungsforscher (frühe Kindheit – Infans Berlin); seit 2008 leitet Stefan Bree den Studiengang „Bildung und Erziehung in der Kindheit" an der HAWK Hildesheim. Seine Forschungsschwerpunkte sind Professionalisierung und Didaktik.

PROF. DR. ANDREA CABY

Studium der Humanmedizin in Deutschland und den USA, mehrjährige wissenschaftliche Tätigkeit in den USA sowie Facharztzeit in Klinik und Praxis in Deutschland. U. a. Zusatz-Ausbildung in Kreativer Kindertherapie sowie als ärztliche Kinder- und Jugendlichen-Psychotherapeutin. Seit 2007 Professorin für Sozialpädiatrie mit den Schwerpunkten Störungen der frühen Kindheit, Entwicklungspsychologie/-psychiatrie und systemisch-lösungsorientierte Beratung an der Fachhochschule Emden/Leer.

PROF. DR. PETER CLOOS

Zunächst Ausbildung zum Erzieher, dann Lehramts-Studium für die Sekundarstufe II in den Fächern Kunst und Berufliche Fachrichtung Sozialpädagogik. Seit 2007 Juniorprofessur und seit 2009 Professur für die Pädagogik der frühen Kindheit und Sprecher des Kompetenzzentrums Frühe Kindheit Niedersachsen der Stiftung Universität Hildesheim.

PROF. DR. DÖRTE DETERT

Studien-Abschluss als Diplom-Sonderpädagogin; Tätigkeit als Familienhelferin, Wissenschaftliche Mitarbeiterin und Studienrätin z. A. an der BBS Nienburg. Seit 2008 Professorin an der FH Hannover (Fakultät für Diakonie, Gesundheit und Soziales, Abteilung Heilpädagogik). Ihre Schwerpunkte liegen in den Bereichen Psychomotorik, Heilpädagogische Diagnostik, Resilienzforschung und frühkindliche Entwicklung.

PROF. DR. HEIDI KELLER

Studium der Psychologie, Zoologie, Physiologie, Philosophie und Soziologie. Seit 1984 Professorin für Psychologie (Fachgebiet Entwicklung und Kultur) an der Universität Osnabrück und seit 2008 Leiterin der *nifbe*-Forschungsstelle „Entwicklung, Lernen und Kultur".

PROF. DR. ANKE KÖNIG

Studium der Erziehungswissenschaft mit Schwerpunkt Pädagogik der frühen Kindheit. Langjährige Wissenschaftliche Mitarbeiterin an der Universität Dortmund am Lehrstuhl für Pädagogik der frühen Kindheit. Seit 2008 ist Anke König Juniorprofessorin für Frühpädagogik an der Universität Vechta. Ihre Forschungsschwerpunkte liegen auf dem Gebiet der Interaktions- und Professionsforschung im Feld der Frühpädagogik.

PROF. DR. JULIUS KUHL

Professor Dr. Julius Kuhl vertritt seit 1986 das Fach Differentielle Psychologie und Persönlichkeitsforschung an der Universität Osnabrück. Seit 2008 leitet er gemeinsam mit Prof. Dr. Claudia Solzbacher die *nifbe*-Forschungsstelle „Begabungsförderung".

PROF. DR. PETER PAULUS

Seit 1998 Professor für Psychologie am Institut für Psychologie und zugleich Geschäftsführender Leiter des Zentrums für Angewandte Gesundheitswissenschaften (ZAG) der Leuphana Universität Lüneburg. Arbeits- und Forschungsschwerpunkte sind: Pädagogische Psychologie, Familienpsychologie, Gesundheitspsychologie, -bildung, -beratung und -förderung.

PROF. DR. GEORG ROCHOLL

Diplom-Sozialpädagoge und Diplom-Sozialwissenschaftler. Langjährige Professur für vorschulische Bildung und Erziehungshilfe an der Fachhochschule Emden/Leer und Mitbegründer des Studiengangs „Integrative Frühpädagogik". Forschungsprojekte u. a. zur „Resilienzförderung in Kindergarten und Schulen" und „Video-Interaktionsbegleitung von Bildungsprozessen in Kindergärten und Schulen". Supervisor und TZI-Gruppenleiter, Ausbildung in Psychodrama und Rollenspiel. Vorstandsvorsitzender des **nifbe**-Regionalnetzwerkes Nordwest.

PROF. DR. JULIA SCHNEEWIND

Studium der Erziehungswissenschaften und Kleinkindpädagogik an der Freien Universität Berlin. Promotion im Themenfeld Bildungsforschung, Tätigkeiten als Wissenschaftlerin an der FU Berlin sowie an der Pädagogischen Hochschule Zentralschweiz. Seit 2008 Professorin für Elementarpädagogik an der FH Osnabrück im gleichnamigen berufsbegleitenden Bachelor-Studiengang. Ihr Schwerpunkte sind Professionalisierung und psychische Gesundheit von Erzieherinnen.

PROF. DR. CLAUDIA SOLZBACHER

Studium der Erziehungswissenschaft, Germanistik und Philosophie an der Universität Bonn, wo sie von 1985–1993 Wissenschaftliche Assistentin war. Nach verschiedenen Lehrstuhlvertretungen an den Universitäten Bonn, Koblenz-Landau und Duisburg erhielt sie 1997 einen Ruf an die Universität Osnabrück für das Fachgebiet Schulpädagogik. Seit 2008 leitet sie gemeinsam mit Prof. Dr. Julius Kuhl die **nifbe**-Forschungsstelle „Begabungsförderung".

PROF. DR. WALDEMAR STANGE

Erziehungswissenschaftler, seit 2005 Leiter des Institutes für Sozialarbeit-Sozialpädagogik an der Leuphana Universität Lüneburg. Leitung von Forschungs- und Entwicklungsprojekten (u. a. zur kommunalen Partizipation von Kindern und Jugendlichen oder zu Erziehungs- und Bildungspartnerschaften in Kindertagesstätten und Schulen). Vielfältige Praxiserfahrungen